空間・壁面構成と
立体工作のアイデア

学校を飾ろうよ

加藤辰雄
浅井隆雄
著

大道具・小道具の詳細設計図・型紙付き

集会・行事別

学陽書房

学校を飾ろうよ

空間・壁面構成と立体工作のアイデア●目次

写真で見る たのしい全校集会・行事

大道具・小道具・かざりのつくり方

そのままつかえる型紙

装丁 シー・シー・エー／型紙イラスト 月岡陽太

●本書で紹介した大道具・小道具・かざりはすべて子どもたちがつくったものです。子どもたちのアイデア・発想をもとに、教師が設計を行ったり、型紙のコピーを配付したりなどしていますが、危険な部分やむずかしい部分を除いてはすべて子どもたちだけでつくりました。

「六年生を送る会」のためにつくった大道具・小道具・かざりを、引きつづいて「一年生を迎える会」で使用することもあります。本書で紹介した大道具・小道具・かざりは、工夫とアイデアしだいではさまざまな集会・行事でもつかうことができます。そのままとっておけば、何度も同じものをつかうこともできますが、同じものではあっても、その時々の子どもたちのアイデア・発想を生かした表現や作品で空間・壁面をかざったり、遊んだりすれば、いちだんとたのしい雰囲気に満ちた集会・行事となります。

なお、本書で紹介した大道具・小道具は、次の集会・行事のなかでつかいました。複数の集会・行事で使用したものもありますが、写真での初出の集会・行事は下記のとおりです。かざりについては、「季節感」などに留意すればさまざまな工夫ができると思います。子どもたちといっしょに工夫しながら、たのしい集会・行事をつくりだしてください。

■大道具

ワニ・虹のアーチ・白鳥——一年生を迎える会／空を進むこいのぼり・ジャンボこいのぼり——こいのぼり集会／星形の看板・星（立体）・星形のくす玉・大すべり台——七夕集会／ジャンボ運動会看板・紅白得点板——運動会／トランプの湖の船——こどもまつり／ジャンボツリー・そり型カート・サンタのくる煙突・サンタの入っていた箱——クリスマス集会／門松・特大さいころ——お正月集会／ダンボールを積んだ大鬼——節分集会／ユニコーンのアーチ・西洋風城のアーチ——六年生を送る会

■小道具

ミッキーマウスの耳・ドラえもんの頭——一年生を迎える会／かぶと——こいのぼり集会／おり姫の頭かざり——七夕集会／特大キャンドルスタンド——クリスマス集会／鬼のかつら——節分集会

写真で見る

たのしい全校集会・行事

4月

一年生を迎える会

入学おめでとう

ピーターパン、ウェンディ、ジョン、マイケル、フック船長、海賊たちがあやつるワニに乗って一年生が入場する(「ピーターパン」の劇を演じながら集会を進行した)。

舞台はゾウ、ウサギ、イヌなど一年生がよろこびそうな動物でかざられている。動物は前幕に虫ピンで取りつけてある。一年生が舞台袖から入場する経路は、赤い花・白い花でかざられている。

六年生に手をひかれて一年生が一人ずつ舞台袖から入場。一年生は「○○○○です」と自分の名前を言う。舞台はサクラ・チョウ・リスでかざられている。サクラの花びら・チョウは、白い寒冷紗（園芸用）に虫ピンで一つひとつ取りつけてある。

勢ぞろいした一年生のうしろにはチューリップ・ハチ・チョウがかざられている。これらは白い寒冷紗に虫ピンで取りつけてある。

「おどりクラブ」の子たちによる「ミッキーマウスマーチ」のダンス。このダンス隊のあとについて、白鳥の乗り物に乗った一年生が入場する。

ミッキーマウスとミニーマウスがあやつる白鳥の乗り物に乗って、一年生が西洋風の城から入場する。

ーターパン」の劇を演じながら集会を進行。会場は大き
工のアーチとたくさんのチョウでかざられている。

ドラえもんが先生役になり、「あ」の文字にマルをつけて学習する内容を一年生に紹介する。

アンパンマン、バイキンマン、おむすびマン、食パンマン、ハンバーガーキッドなどのキャラクターと全校児童がたのしく「ジャンケンゲーム」。舞台はたくさんのサクラの花びらでかざられている。花びらは白い寒冷紗に虫ピンで一枚一枚取りつけてある。

会場につづく渡り廊下の両側をステンドグラスでかざる。ステンドグラスは厚いビニールシートの裏側に黒色の油性ペンで輪郭をかき、つぎに表側から色をぬったもの。

一年生と六年生が「上ぐつくらべ」をする。「一年生も六年生になるとこんなに足が大きくなるんだよ」と紹介する。

5月

こいのぼり集会

ペア学級の子となかよくなろう

全校児童の「こいのぼり」の歌声に合わせ、たこ糸で空中につるしてあるこいのぼりを引っぱり「こいの滝のぼり」を行う。舞台にはビーチボールを顔にした人形の看板がかざられている。

舞台は、色画用紙でつくったこいのぼりとハチでかざられている。かぶとをかぶったハチたちが、こいのぼりを持ちあげて、空を飛んでいるようにかざられている。

魔法使いが、全校児童に端午の節句の由来について語り聞かせている。舞台には、全校児童が一匹ずつつくった小さなこいのぼりが白い寒冷紗にピンで取りつけられている。

三匹のジャンボこいのぼりのからだの中を全校児童が順番にくぐりぬけてたのしむ。

「これから一年間、なかよくしようね」と「自己紹介カード」をはった色模造紙をペア学級と交換する。

「五色でつくられているこれを何というのでしょう」などと端午の節句に関するクイズを出題する。正解は博士の扮装をした子どもが発表する。

赤い手ぶくろをはめた「おどりクラブ」の子たちがダンスをおどる。これを見ながら全校児童もおどる。

動くこいのぼりに乗って「ペア学級対抗リレー」をする。ペアのうち年下の子がこいのぼりに乗り、年上の子がこいのぼりを引っぱる。

気持ちよさそうに泳いでいるこいのぼりと「こいのぼり集会」の看板。看板はテラスの手すりに取りつけてある。

「とべ！　こいのぼり」の劇を演じている。ペア学級のうしろには自分たちがつくった大きなこいのぼりがかざられている。

ペアの子と手をつなぎ、こいのぼりの口から入って尾から出ていき、つぎのペアにバトンをわたすリレーをたのしむ。

6月

児童会役員選挙の会

具体的な方針を発表する

「『こいのぼり集会』で『こいの滝のぼり』をやります」と実演してみせる。

「『七夕集会』で流れ星をながしたりペア学級対抗で『くす玉わり競争』をしたりします」と訴える。

「『節分集会』でダンボール箱でつくった巨大な鬼に豆を投げて倒すような豆まきをします」と訴える。

「『一年生を迎える会』で一年生がワニの乗り物に乗って入場したり『ピーターパン』の劇をしながらクイズをしたりします」と訴える。

6月

プールびらきの会

泳ぐめあてをもつ

一年生から順番に「からだを全部しずめます」などと泳ぐめあてを声をそろえて発表する。発表と同時にカニの形をしたかざりからたれ幕が落下する。

音楽部による「美しく青きドナウ」の演奏に合わせて水泳が得意な子たちが模範水泳をする。壁面には学年の目標と熱帯魚、クラゲなどのかざりがかざられている。

7月

七夕集会

星に願いをとどけよう

「七夕集会」の看板とひこ星・おり姫・天の川のかざり。ひこ星・おり姫は薄い発泡スチロール板に折り紙を細かくちぎってはりつけてつくられ、釣り糸でつるしてある。

ひこ星とおり姫がそれぞれ白鳥に乗って登場する。舞台につるした白い寒冷紗には、たくさんの星と電飾で天の川がつくられている。電飾は安全ピン、星はクリップで取りつけてある。舞台前には「七夕集会」の看板が取りつけてある。

電飾が点滅する天の川のすべり台を全校児童が順番にすべりおりてたのしむ。

一年一組から順番に学級の願いごとを声をそろえて発表すると、そのつどたれ幕が落下する。全部の学級が発表しおわると、一つの大きな絵になる。

全校児童による「たなばたさま」の歌声に合わせて、ひこ星とおり姫が白鳥に乗って会場を一周する。

ひこ星とおり姫の扮装をした子ども。おり姫は肌襦袢のうえに白いスカートをはき帯でとめている。頭につけているかざりはロープで形をつくり、黒く色をぬってつくった。ひこ星の衣装は家具用の布でつくってある。

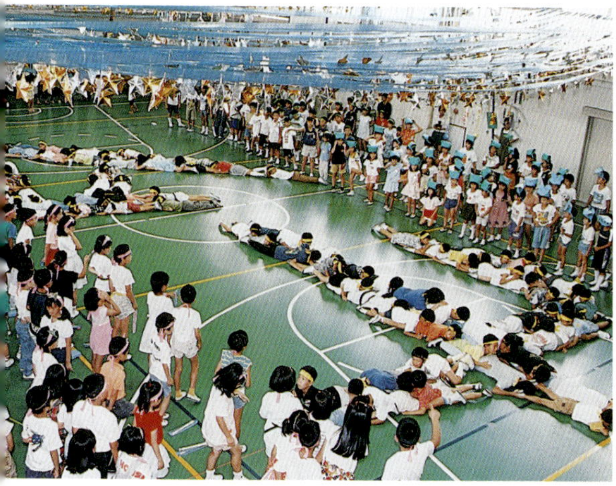

ペア学級の子たちが力を合わせて「七夕」の人文字をつくっている。全校児童は立ちあがって人文字をながめている。

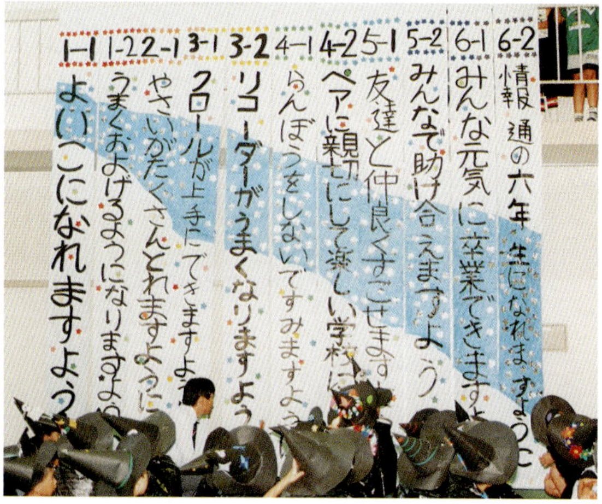

一年一組から順番に学級の願いごとを声をそろえて発表すると、そのつどたれ幕が落下し一つの絵が現れる。

４メートルの高さがある星形のプログラム。星形の中央には蛍光灯が取りつけてあり文字が浮かびあがるようになっている。

ひこ星役の子どもと等身大のひこ星人形が舞台に向かって空中遊泳している。釣り糸に人形をつるして動かす。

ペア学級の子たちが、「星に願いを」のリコーダー演奏に合わせてつぎつぎとパネルを動かし、きれいな絵を浮かびあがらせている。

星形のジャンボくす玉のたれ幕には「ペアの子となかよくしよう」という集会のスローガンが書かれている。このことばを全校児童が声をそろえて言う。

テラスの手すりには発泡スチロールでつくった「七夕集会」の看板、左右の階段にはひこ星とおり姫のかざりが取りつけてある。テラスの手すりから運動場に向かって天の川がかざられている。

全校児童がたのしくゲームをしている。空中には学年の願いごとを書いた大きな星がかざられている。

トーチに火をつけ、ささ竹・ささかざり・学年の願いごとを書いた星を燃やす。全校児童は「願いごとが天までとどきますように」と祈る。

9月

委員会の発表会

活動のようすを工夫して発表する

図書委員が「はれときどきぶた」の話を劇にして演じ、本の紹介をする。

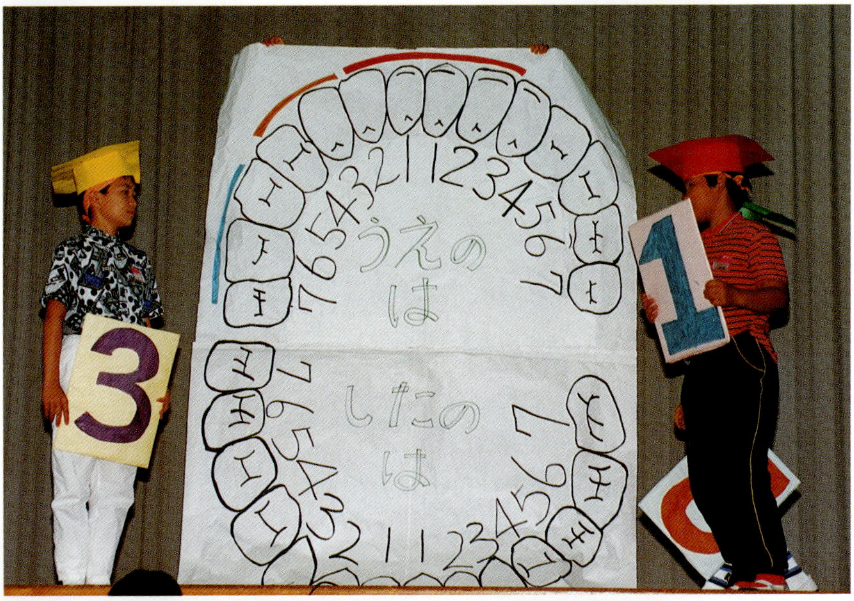

保健委員が大きな模造紙に歯の絵を描きクイズを出題しながら歯について説明する。

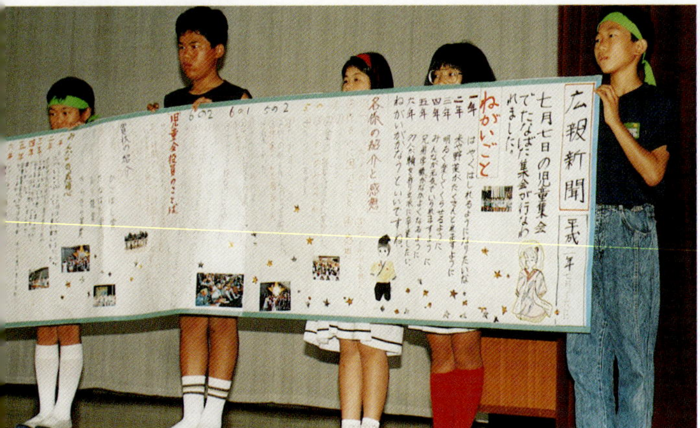

広報委員ができあがった「かべ新聞」を発表する。

安全委員が地震が起きたときにはどうしたらよいかを実演する。ザラ板の上に机・いす・本棚をセットし、ザラ板をゆらして地震と同じ状態をつくりだす。

飼育委員が「うさぎとあそぶ会」にたくさん参加してくれるようよびかける。

竹馬にうまく乗れない人に竹馬の乗り方を教える講習会を開くことを、体育委員が全校児童によびかける。

園芸委員のよびかけにこたえて一人ひとりが育てた草花の鉢をならべ人間の顔を描く。

給食委員が調理員さんに「いつもおいしい給食をつくっくださってありがとう」と感謝する会を開く。

10月 ゲーム集会

いろいろなゲームをたのしもう

完成した似顔絵を持って先生たちが舞台に勢ぞろい。似顔絵が先生と似ているかどうかを全校児童の拍手の大きさで決める。

子どもたちが先生の似顔絵を描く。持ち時間は一人10秒。油性ペンをリレーしていきながら制限時間までに描く。

四人組が新聞紙の上にボールをのせ、ゴールまで走り、リレーする。

ペア学級対抗で百人一首を行う。児童会役員が上の句を読みあげると、ペアの子は下の句が書かれている札をさがす。下の句をみつけると「ハイ」と言って札を高くあげる。

一年生から六年生までが入っているたてわりグループが、心を一つにして長なわとびをしている。

竹馬にうまく乗れない子にペアの年上の子が乗り方を教えている。

ペアの子がロープあそび・平均台わたり・フラフープとび・あみくぐり・ろくぼくのぼり・輪なげ・玉入れ・宝さがしをしてたのしむ。一つのあそびが終了するたびにカードにスタンプを押してもらえる。

ペアの子がフラフープの中に入っているボールを棒ではさんでつぎのフラフープまで運んだり、ザラ板で組み立てた山を越えたり、平均台をわたったり、あみをくぐったりしてゴールまですすむ。これをくり返し、リレーする。

10月

運動会

校舎の壁面にかざられた「運動会」のジャンボ看板。古くなって不要になった教室用のカーテンをつなぎ合わせ、そこへ文字を書いてつくる。強風に看板があおられないように四隅をひもでしっかり引っぱり固定しておく。

ペア学級の代表の子がペア学級旗を持って集合し、正々堂々と力いっぱいたたかうことを宣言する。

日ごろの成果を発表する

体育館のベランダの手すりに取りつけられた得点掲示板。横一列に得点の赤マル・白マルがならべられている。

赤組・白組が勝利するたびに、閉じていた花びらを一枚ずつ開き、花が咲くように工夫した得点掲示物。花の形をした得点掲示物は防球ネットに取りつけてある。

11月

こどもまつり

「こどもまつり」の全体集会で劇「青い鳥」を演じる。チルチルとミチルは全校児童に「青い鳥をいっしょにさがしてください」とよびかける。舞台には、葉脈をつけた木の葉が白い寒冷紗に虫ピンで取りつけられている。ブドウ、ハチも取りつけられている。

みんなでつくり、つどい、たのしもう

「こどもまつり」の全体集会で劇「不思議の国のアリス」を演じる。舞台の城は、たたみ一枚分の大きさのダンボール紙をつなげてつくってある。ダンボール紙には長方形の色画用紙をれんが状にはり、墨汁で輪郭を描く。扉も墨汁で描く。

アリスを追いかける兵隊たち。会場の壁面にもやりを持った兵隊たちがかざられている。

「こどもまつり」の全体集会で劇「ピーターパン」を演じる。舞台には、葉脈をつけた木の葉が白い寒冷紗に虫ピンで取りつけられている。舞台前の草は緑色の画用紙に紙テープをたくさんはりつけてつくってある。

お客に金紙・銀紙で大仏の下絵にのりづけしてもらって大仏の顔を完成させる。おわりの全体集会でこの絵を披露する。

巨大クモとクモの巣。お客がクモの糸にひっかからないようにくぐると、スーッと巨大クモがおりてきて背中に乗る。

会場の入口は人間の口。そこを通ってすすむと胃・小腸へとつづく。会場全体が人体の内部になっている。

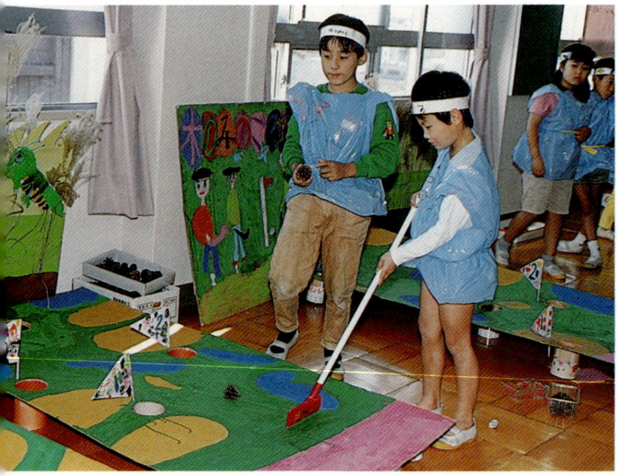

空きかんの上にたたみ二枚分のダンボール紙をのせてゴルフ場がつくられている。ボールはマツボックリとクリ。ホールイン・ワンをするとドングリでつくったマスカラがもらえる。

十文字に組んだ木材に教師用のいすを取りつけ、いすのまわりをダンボール紙で囲ってコーヒーカップの乗り物をつくる。コーヒーカップはいすの背もたれを押して動かす。

ライオン・ブタ・タヌキ・ネコ・カニなどの切り絵をお客につくってもらう。

釣り糸の先のくぎを空きびんの中に入れて魚を釣りあげる。空きびんの中の魚の口には磁石がつけられている。

のこぎり状の歯がパクパク動いている。お客はタイミングをはかってロープにつかまり通り抜ける。

たくさんつなげた空きかんの上に木製の箱をのせ、帆を立てた船にお客を乗せる。トランプの兵隊がひもをあやつって船を動かしプールを一周する。

12月

クリスマス集会

元気いっぱいうたい、おどり、たのしもう

メイン・ツリーと壁面にかざられたツリー。「クリスマス集会」の看板の文字は綿をはりつけてつくってある。

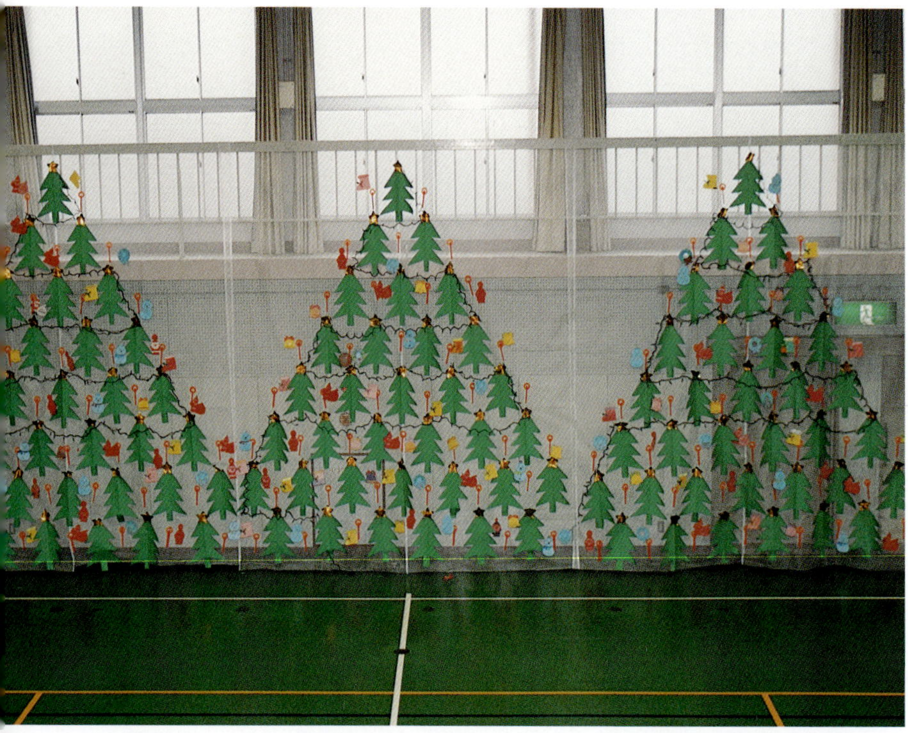

壁面のツリーは、白い寒冷紗に小さなモミの木・キャンドル・かざり・電飾を取りつけてできている。

高さが8メートルあるメイン・ツリーと星でかざられたソリ。メイン・ツリーはじゅうたん用の芯(4メートル)を二本ひもでつないで天井からつるしてある。
ツリーの枝は丸竹を幹にさしてつくってある。

ペアの子にプレゼントする手づくりクリスマスカードの見本を掲示して、全校児童に「すてきなクリスマスカードをつくろう」とよびかけている。

たたみ一枚分のダンボール紙をつなげて室内の壁面をつくる。壁面には絵画・かがみ・リース・カレンダー・時計・窓などをはってかざる。暖炉は立体的につくり、えんとつから入って下のほうから出てこられるようにしてある。

四頭のトナカイに引かれたソリに乗って、サンタクロースが登場する。

舞台には大きなクリスマスプレゼントの箱がおかれ、「箱の中に何が入っているのだろう」と子どもたちが興味を持ってながめている。

子どもたちが箱のふたを開けると、箱の中からサンタクロースが現れ「メリー・クリスマス!」と言ってポーズをきめる。

舞台で子どもたちが毛糸で編んだ長くつしたを手に持って「サンタクロースのおじさん　はやく　ぼくのうちに　プレゼント　もってきて　きょうは　クリスマス」とうたっていると、サンタクロースがえんとつから室内に入ろうとする。

サンタクロースがまっ白な大きな袋から大きな箱を出す。大きな箱を開けるとその中にはまた箱、つぎもまた箱…

二人のサンタクロースが登場。どちらのサンタクロースがほんものかを見分けるために、クリスマスに関するクイズを出題して答えてもらう。

「おどりクラブ」の子たちの「でこぼこ行進曲」のダンスを見て、全校児童がたのしそうにおどっている。サンタクロースもいっしょにおどる。

メイン・ツリーを取り囲んで全校児童がキャンドルサービスを行っている。会場には「きよしこの夜」のオルゴール音楽が流れ、荘厳な雰囲気になる。

1月

お正月集会

心新たに今年もがんばろう

「お正月集会」の看板にはお正月の遊びが描かれている。遊び道具を色画用紙でつくりはってある。金びょうぶは、たたみ一枚分の大きさのダンボール紙を粘着テープでつなげてつくってある。ダンボール紙がそらないように、口紅タイプのスティックのりで金紙（折り紙）をはる。門松の鉢はダンボール紙を何枚も重ねて巻いてつくる。竹はじゅうたんや布が巻いてある芯に緑色の画用紙をはってつくる。梅は木の枝に紙でつくった花をつけてつくる。

会場の空中には三六だこの連だこがかざってある。画用紙でたこの形をつくり、たこの中央部分に釣り糸を通して連だこにしてある。たこのしっぽには六色のタフロープ（荷作り用ビニールテープ）をつかい、色あざやかにする。

たこあげ・コマ回し・まりつき・福笑い・はねつきなどお正月の遊びを全校児童に紹介する。

児童会役員が「花より団子」などと字札を読みあげる。向かい合って正座している子どもたちは、読みあげられた絵札を見つけると「ハイ」と声をだして取る。

ペア学級の代表児童が二人で力を合わせて大きなサイコロを転がす。サイコロが転がりだしたら、全校児童は大きな声で「何がでるかな、何がでるかな」と節をつけてうたう。

フラフープの輪の中にカードが一枚ずつおいてある。カードには動物の鳴き声・かけ算九九・早口ことば・わらい声などが書いてある。すごろく遊びのやり方で行い、フロア中央においてあるカラーコーンに到着すると「あがり」である。

全校児童が三六だこをつくってたこあげをたのしむ。

2月

節分集会

白い寒冷紗に虫ピンで取りつけられたいろいろな鬼の顔。「せつぶん集会」の看板には、鬼の顔・ヒイラギの葉・大豆のかざりがつけられている。

追いだしたい鬼を追いだそう

福の神が全校児童に「豆まきをして、学級から追いだしたい鬼を追いだしましょう」とよびかける。舞台には稲光がかざられ鬼の登場を予感させる。福の神は肌襦袢の上にスカートをはき、帯をしめている。頭にはかざりをつけ、手には大きなうちわを持っている。舞台前は青色のビニールシートで一面をおおい、画用紙でつくった雲を取りつける。

ダンボール箱を積みあげそこに鬼の絵を描く。ペア学級ごとに鬼を一匹描く。鬼にはりつけてある大きな札は学級から追いだしたい鬼の名前である。

学級代表が学級から追いだしたい鬼の名前と顔を書いた模造紙を持って勢ぞろいする。学級全員が声をそろえて鬼の名前を発表する。舞台には鬼のからだに文字を書いた看板がかざられている。

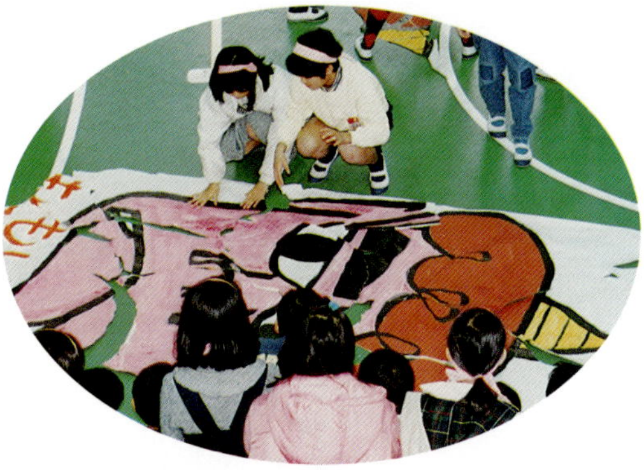

ペア学級グループごとに大きな紙に鬼の顔を描き、これを細かく切ってパズルをつくる。ペアの子が順番にリレーしながらパズルを完成させる。

豆まきで退治された鬼たちは、逃げ場を失い人間の家で飼われることになる。犬のかわりに飼い鬼になった鬼たち。

学級代表の子が学級から追いだしたい鬼に扮して舞台に勢ぞろい。「おれさまはおしゃべり鬼だ。一秒でもだまっていると気がくるいそうになる」などと鬼の名前を紹介する。

体育器具庫にかくれていた鬼が、クライミングロープをのぼって二階ギャラリーへあがる。ほかの鬼もろくぼくをのぼるなどしていろいろな場所から登場し、二階ギャラリーに集合する。

バスケットゴールのあみに取りつけられているビニール袋をめがけ、新聞紙をまるめてつくった豆を投げ入れる。鬼に扮した子どもは金棒をつかって豆があみに入るのをじゃまする。

成績が優秀なペア学級に手づくりの賞状をわたす。

白馬（ユニコーン）のアーチ・ツル・「卒業おめでとう」の看板・チョウでかざられた会場。

3月

六年生を送る会

おめでとう　さようなら

舞台は風船のかざりでかざられている。舞台横の映写幕は、全校集会の一年間の思い出をスライド映写機で映すためのものである。この映写幕は一五枚の模造紙をつなげ、周囲を折り紙の花でかざってつくってある。天井には大きな星形のくす玉がつるされている。

六年生が西洋風の城の出入口のところで自分の名前を言ってから、一人ずつ順番に入場する。出入口にはスポットライトが当てられている。出入口から舞台に向かって一本の赤いじゅうたんが敷かれ、その両側には赤と黄色の花・電飾がかざられている。六年生は「卒業」の音楽に合わせて電飾が点滅する花道をゆっくり歩いていき、舞台につくられたひな壇にすわる。

アトランタオリンピックのテーマ曲「熱くなれ」のダンスを披露する五年生。

「ドレミの歌」の替え歌をうたう一年生。

舞台袖から六年生が一人ずつ順番に入場し、自分の名前を言う。首にはペアの子(一年生)からプレゼントされた首かざり。

ディズニー映画に登場するキャラクターでかざられた看板と特大キャンドルスタンド。看板の文字はプリンカップの底に折り紙(赤)をまるく切ってはり、そのプリンカップをふせたもの。

全校児童による花のアーチをくぐって六年生が退場する。大きな虹のアーチのところでは紙ふぶきを降らす。

くす玉をわり「卒業おめでとう」の文字が出てきたところ。

竜の形をしたアーチ。竜が天にのぼるように六年生が希望を持って中学校へすすむようにという願いが込められている。

白馬はダンボール紙をつかってつくってある。二頭の前足を合わせてバランスをとり、アーチができるようにしてある。ツルは、一辺が80センチメートルの正方形の白い模造紙を折ってつくる。全校児童が一羽ずつ折ったものを釣り糸（60号、直径約1・3㎜）に取りつけてかざる。

舞台袖から六年生が一人ずつ順番に入場し、自分の名前と自分がいちばんがんばったことを発表する。舞台の寒冷紗には、六年生の思い出の場面がスナップ写真のようにかざられている。「六年生を送る会」の看板もネガフィルムで表されている。

「皇帝円舞曲」（ヨハン・シュトラウスII世作曲）を演奏する六年生。

別れの歌「はばたけ鳥」をうたう六年生。首にはペアの子（一年生）からプレゼントされた首かざり、胸には二年生からプレゼントされた花がつけられている。

「ありがとう　さようなら」の歌を披露する六年生。

大道具・小道具・かざりのつくり方
そのままつかえる型紙

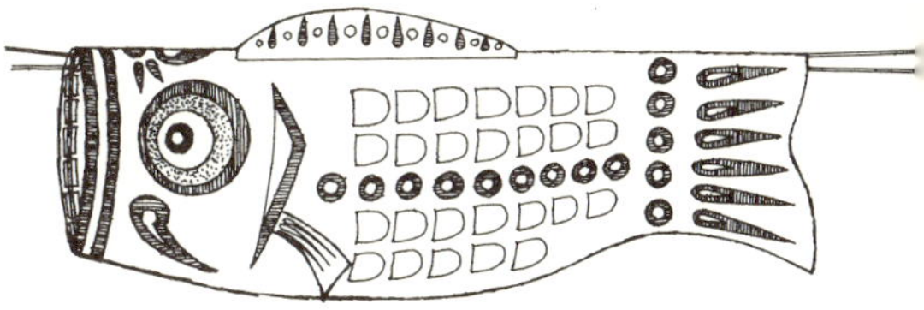

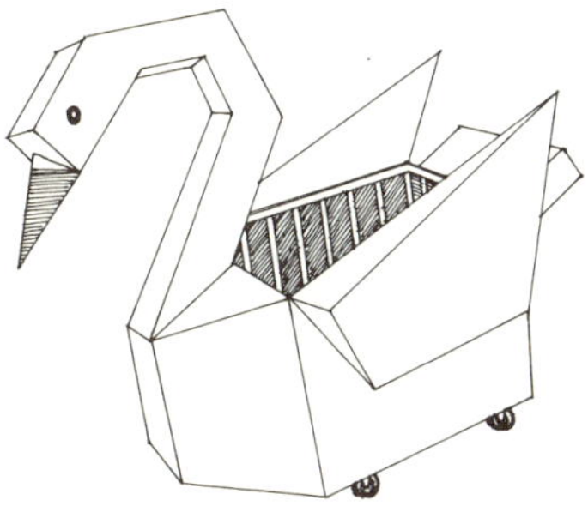

ワニ その①

リアルな曲線を出してつくりたいとき

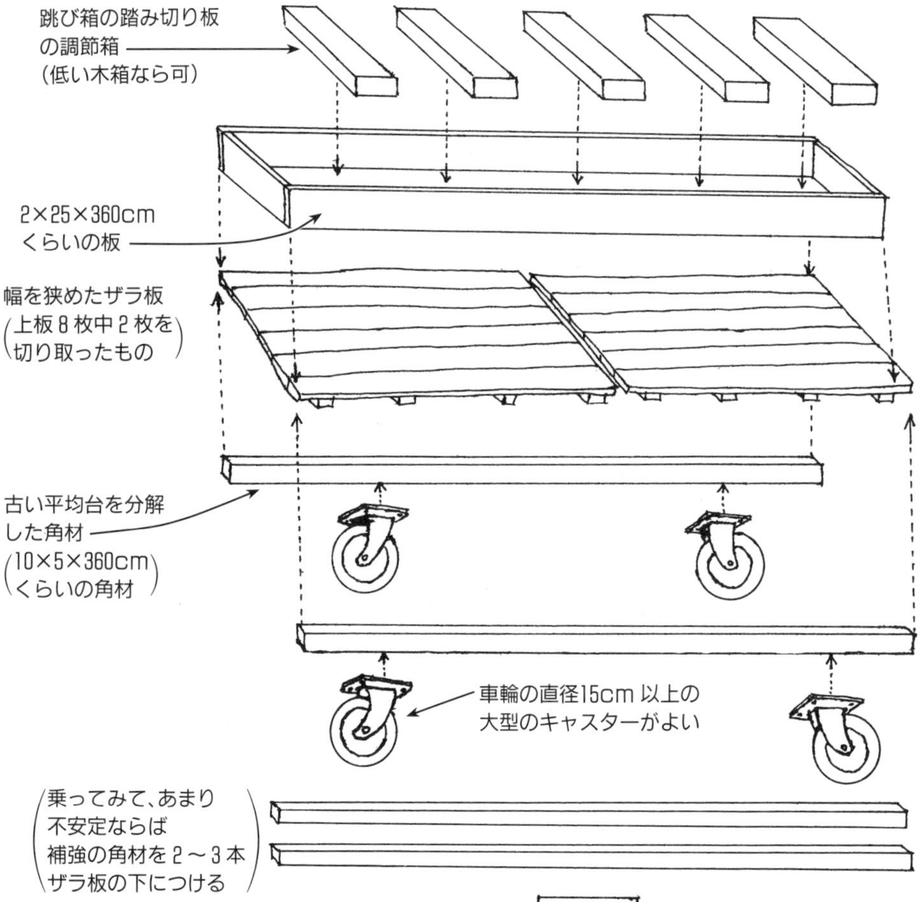

跳び箱の踏み切り板
の調節箱
（低い木箱なら可）
2×25×360cm
くらいの板
幅を狭めたザラ板
（上板 8 枚中 2 枚を
切り取ったもの）
古い平均台を分解
した角材
（10×5×360cm
くらいの角材）
車輪の直径15cm 以上の
大型のキャスターがよい
乗ってみて、あまり
不安定ならば
補強の角材を 2 ～ 3 本
ザラ板の下につける

クギで打ちつけ
しっかり組み立てる

腰かけ部分は
布粘着テープで固定してもよい

（10人乗り）

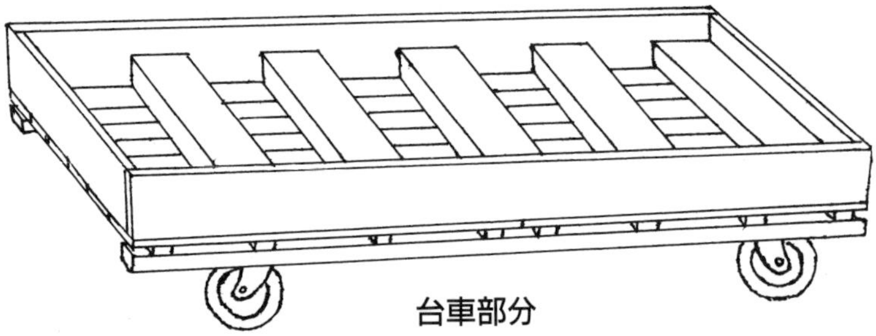

台車部分

ワニ その①つづき

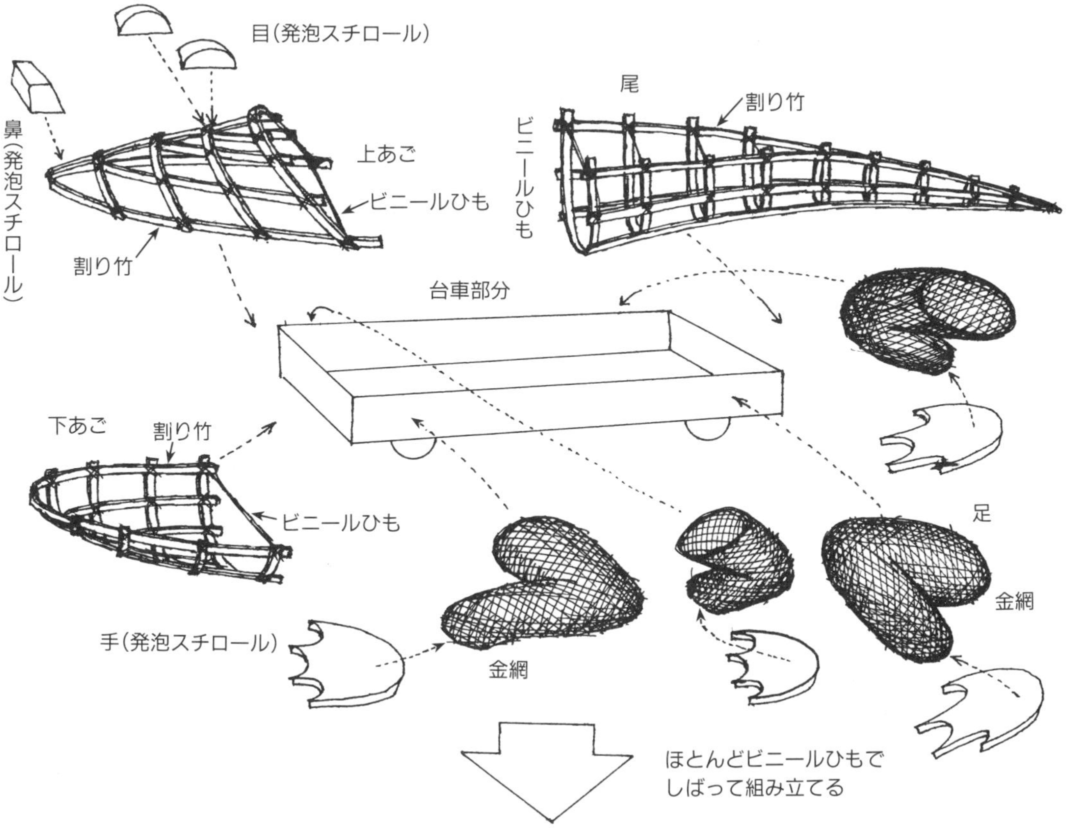
目（発泡スチロール）
鼻（発泡スチロール）
上あご
ビニールひも
割り竹
尾
割り竹
ビニールひも
台車部分
下あご
割り竹
ビニールひも
足
金網
手（発泡スチロール）
金網

ほとんどビニールひもで
しばって組み立てる

胴の部分も
竹を組んで膨らみをつける

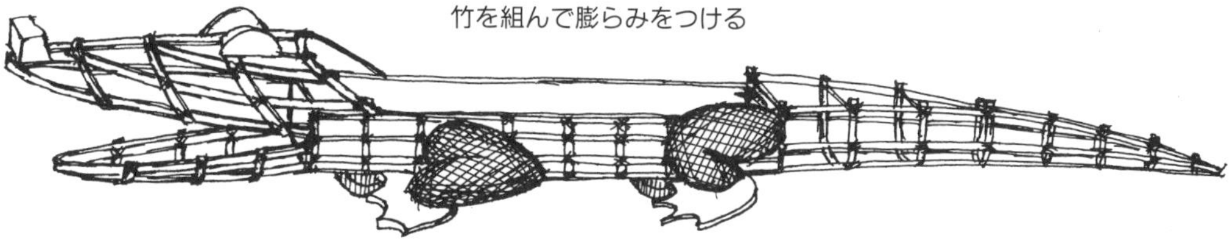

①部分部分をつなぐように
紙を2重に、のりではる

②白っぽいうぐいす色の
水彩絵の具で彩色する
口の中は赤色で彩色する

③うろこのもようや目などを
墨汁でかく

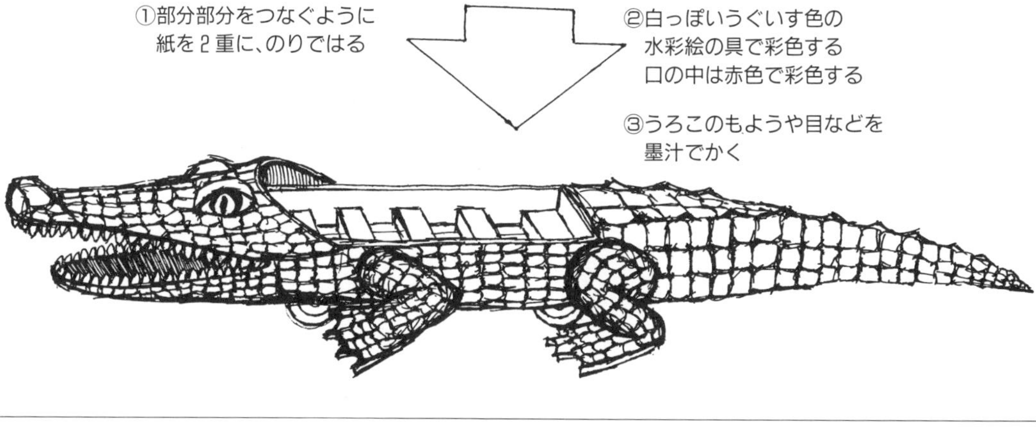

ワニ その②

ダンボール箱を使って簡単につくりたいとき

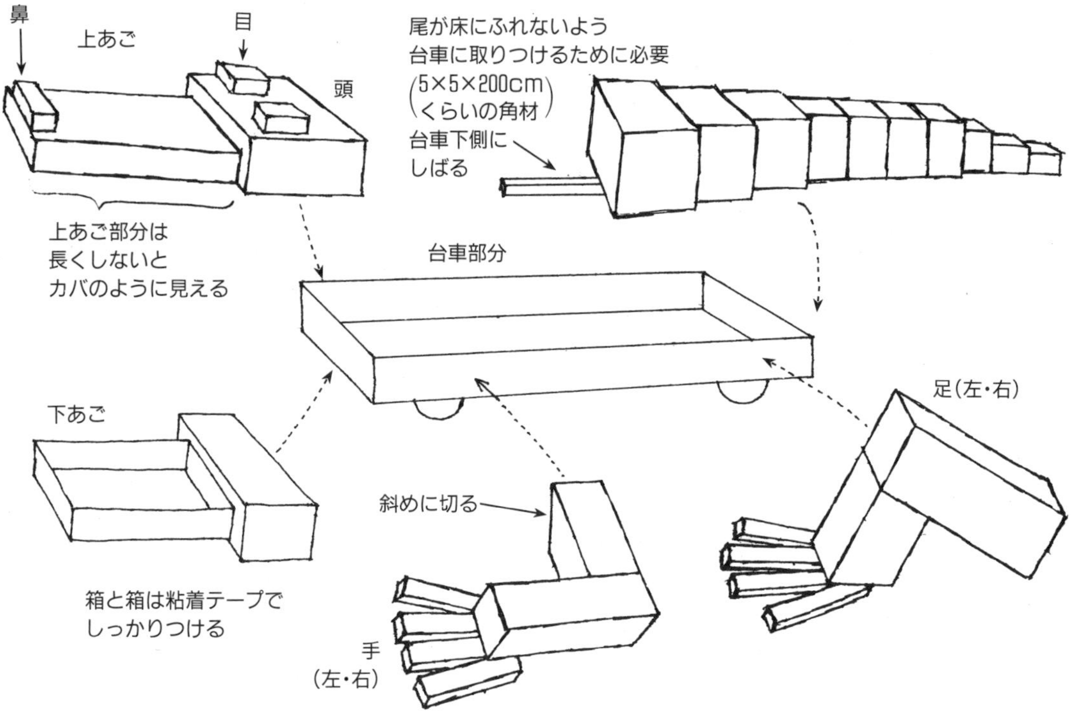

鼻
上あご
目
頭
上あご部分は
長くしないと
カバのように見える
尾が床にふれないよう
台車に取りつけるために必要
(5×5×200cm
くらいの角材)
台車下側に
しばる
台車部分
下あご
箱と箱は粘着テープで
しっかりつける
斜めに切る
手
(左・右)
足(左・右)

①頭・尾など、部分ごとに
箱と箱をつなぐように紙を
2重3重にのりではっておく

②台車に、ビニールひもや粘着テープ
を使って、各部分を取りつけ
組み立てる
③部分部分をつなぐように
紙を2重に、のりではる
胴の部分にもはる

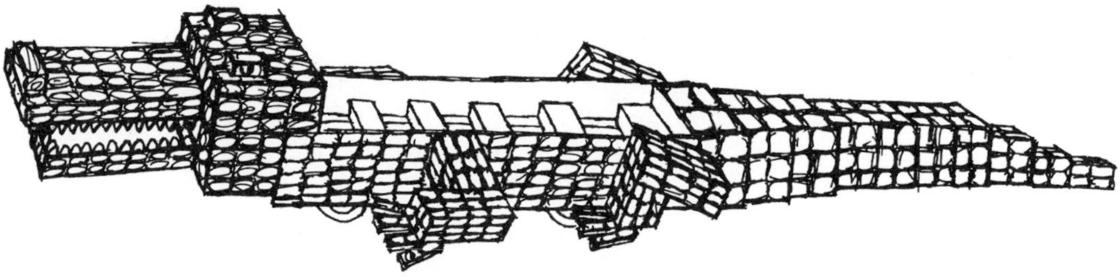

白っぽいうぐいす色の水彩絵の具で彩色する
口の中を赤色で彩色してから、画用紙でつくった歯をつける
うろこのもようや目などを墨汁でかく

虹のアーチ

下になっている面を除いて、粘着テープで
箱を固定できたら
B5ほどの白紙に、水で薄めたのりを全面
につけて箱にはる
箱と箱、紙と紙をつなぐ
ように何重
にもはる

同じサイズの箱を集めておく
床に寝せた状態でだいたいの
虹の形に並べる
①最初に、内側の面を粘着テープで
つなぎ、虹の形を整える

②次に、上になっている面を粘着テープ
でつなぐ。

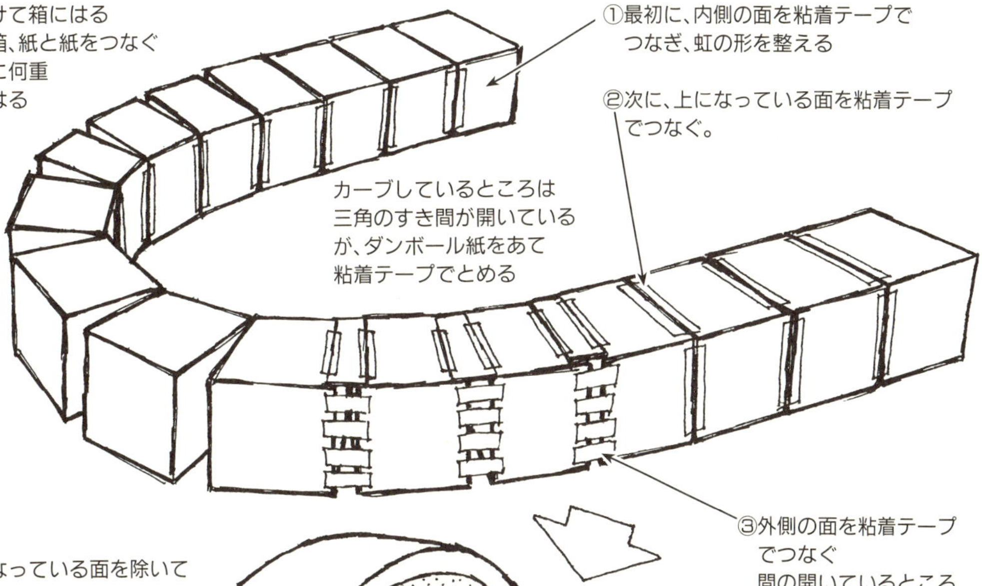

カーブしているところは
三角のすき間が開いている
が、ダンボール紙をあて
粘着テープでとめる

③外側の面を粘着テープ
でつなぐ
間の開いているところ
も粘着テープをはって
おくと、あとで紙を
はるとき、はりやすい

下になっている面を除いて
全面紙をはって乾いたら
虹を裏返して
下になっている面も
同様にして
ダンボール紙をあて
紙を何重にも
はって乾かす

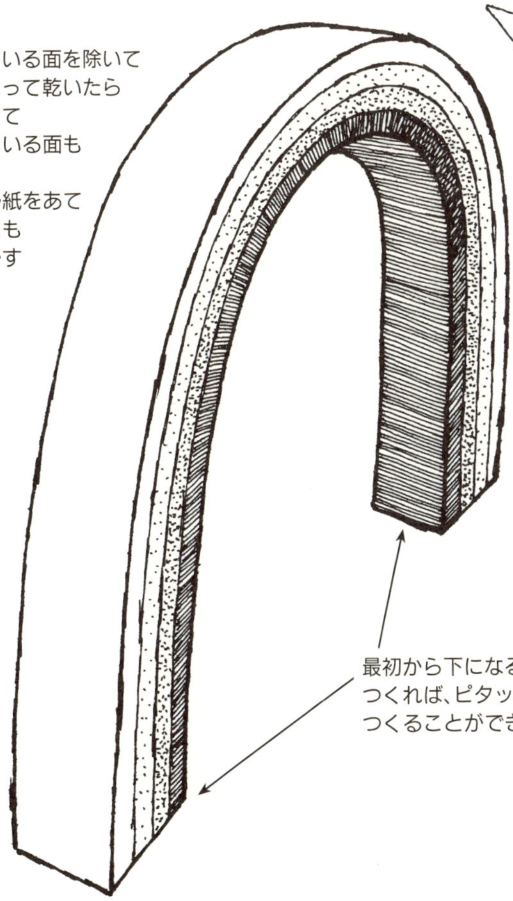

最後に
折り紙を小さく切って
虹の７色をのりではる

最初から下になる面を壁に着けて
つくれば、ピタッと立つように
つくることができる

白鳥

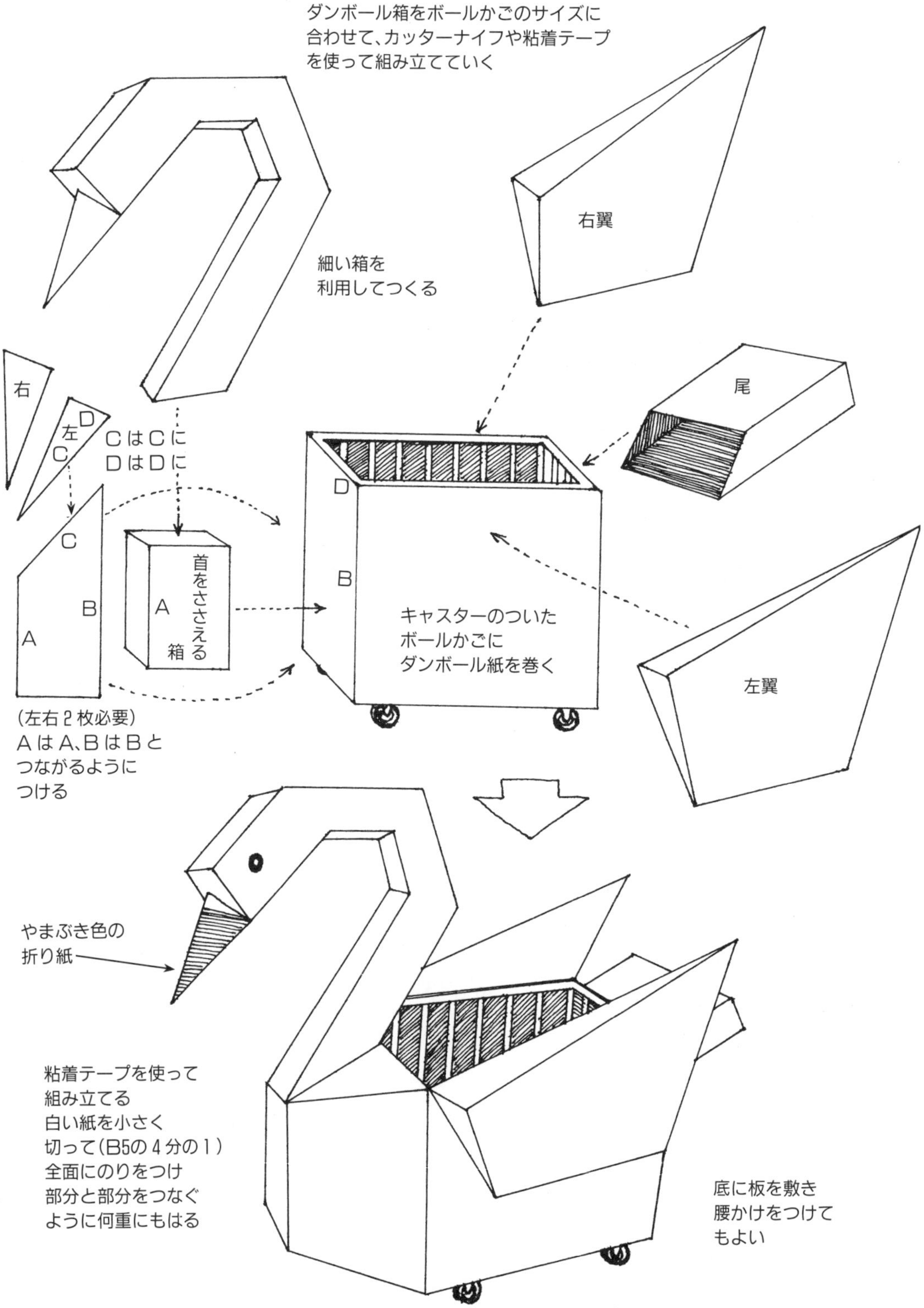
ダンボール箱をボールかごのサイズに
合わせて、カッターナイフや粘着テープ
を使って組み立てていく
細い箱を
利用してつくる
右翼
尾
右
左
C
D
CはCに
DはDに
C
B
A
首をささえる箱
A
D
B
キャスターのついた
ボールかごに
ダンボール紙を巻く
左翼
(左右 2 枚必要)
AはA、BはBと
つながるように
つける
やまぶき色の
折り紙
粘着テープを使って
組み立てる
白い紙を小さく
切って(B5の 4 分の 1)
全面にのりをつけ
部分と部分をつなぐ
ように何重にもはる
底に板を敷き
腰かけをつけて
もよい

空を進むこいのぼり

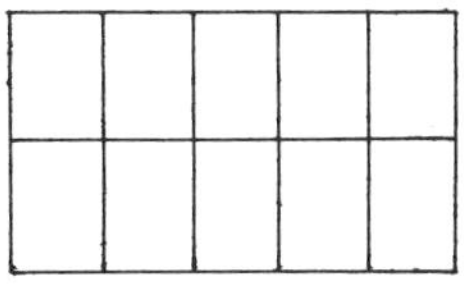

全紙の色画用紙10枚を左図のように並べ、粘着テープでつなぐ
粘着テープをはったほうを内側にして半分に折り、下図のように切る

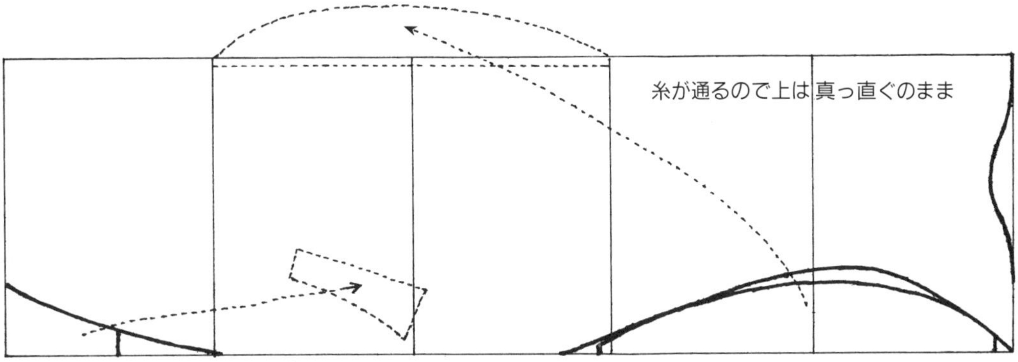
糸が通るので上は真っ直ぐのまま

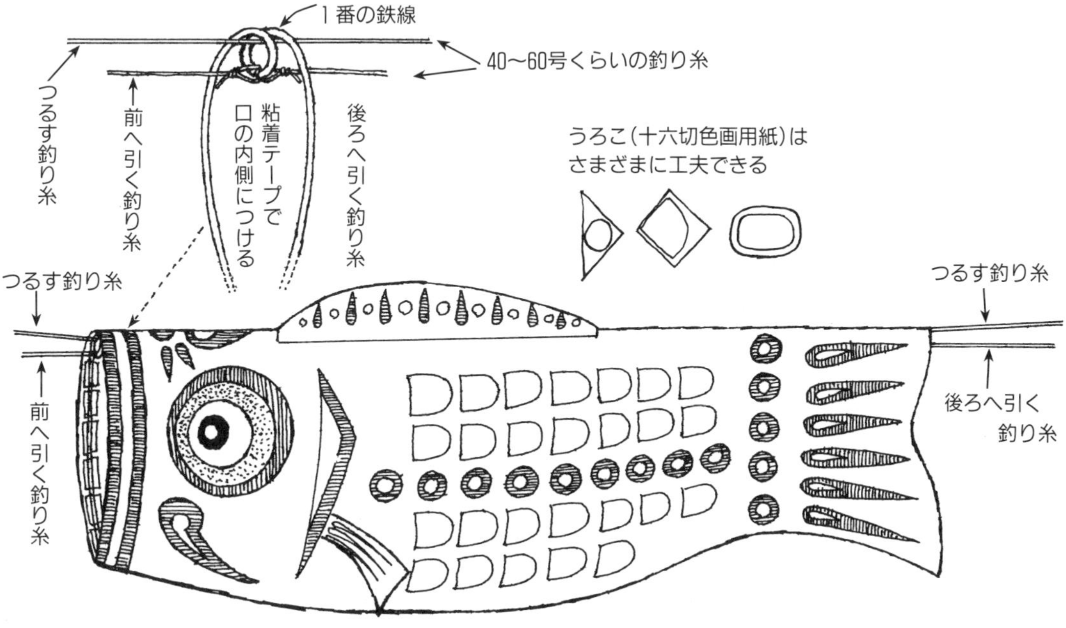
1番の鉄線
40〜60号くらいの釣り糸
つるす釣り糸
前へ引く釣り糸
粘着テープで口の内側につける
後ろへ引く釣り糸
うろこ(十六切色画用紙)はさまざまに工夫できる
つるす釣り糸
前へ引く釣り糸
つるす釣り糸
後ろへ引く釣り糸

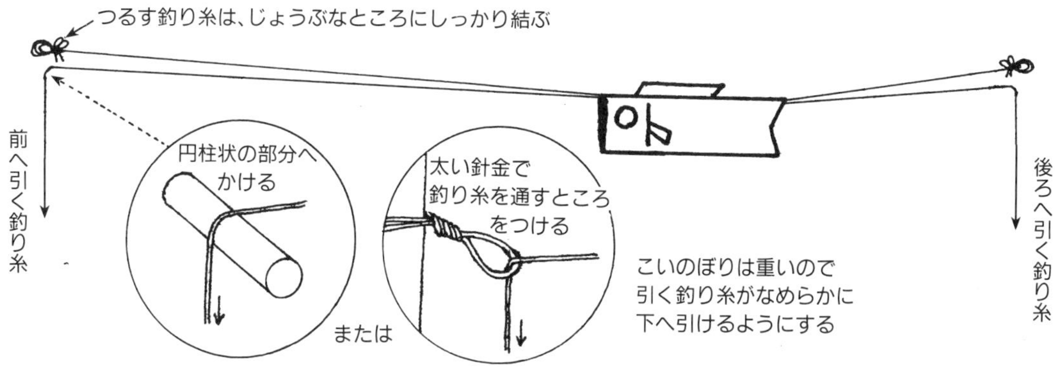
つるす釣り糸は、じょうぶなところにしっかり結ぶ
前へ引く釣り糸
円柱状の部分へかける
または
太い針金で釣り糸を通すところをつける
こいのぼりは重いので引く釣り糸がなめらかに下へ引けるようにする
後ろへ引く釣り糸

ジャンボこいのぼり

全紙大色画用紙24枚を、図のように粘着テープでつなぎ、つないだ面を内側にして半分に折り、尾のへこみ部分を切り取り、目やうろこなどをつける

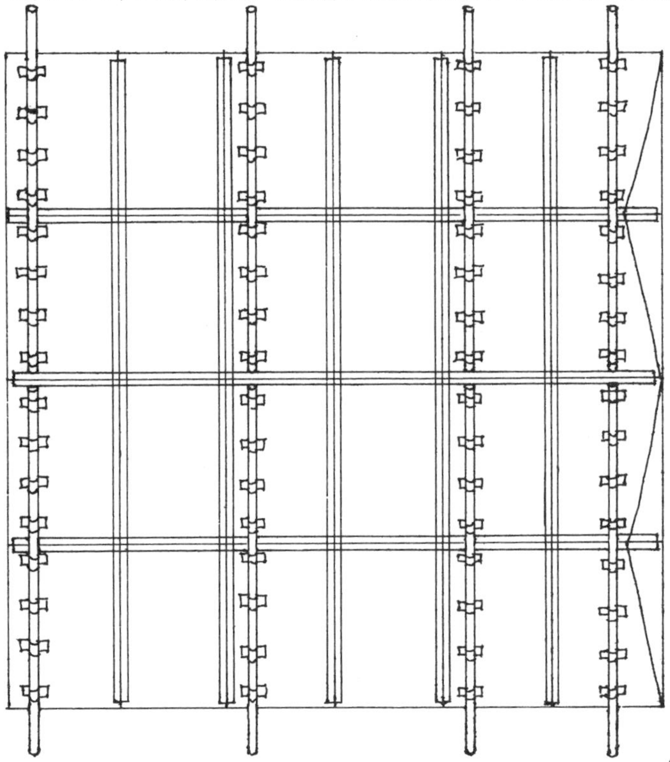

外側の面ができたら内側を上にして床に広げ、図のように立てるための棒を粘着テープでつける

背びれを立てる工夫

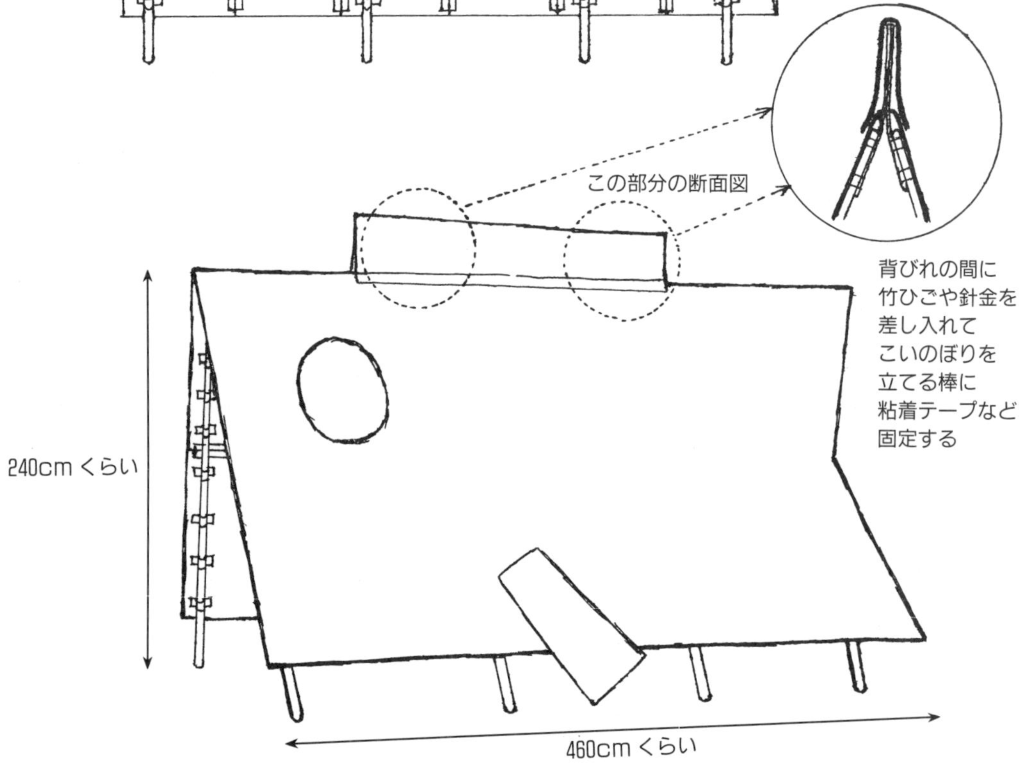
この部分の断面図
240cm くらい
460cm くらい

背びれの間に竹ひごや針金を差し入れてこいのぼりを立てる棒に粘着テープなどで固定する

星形の看板

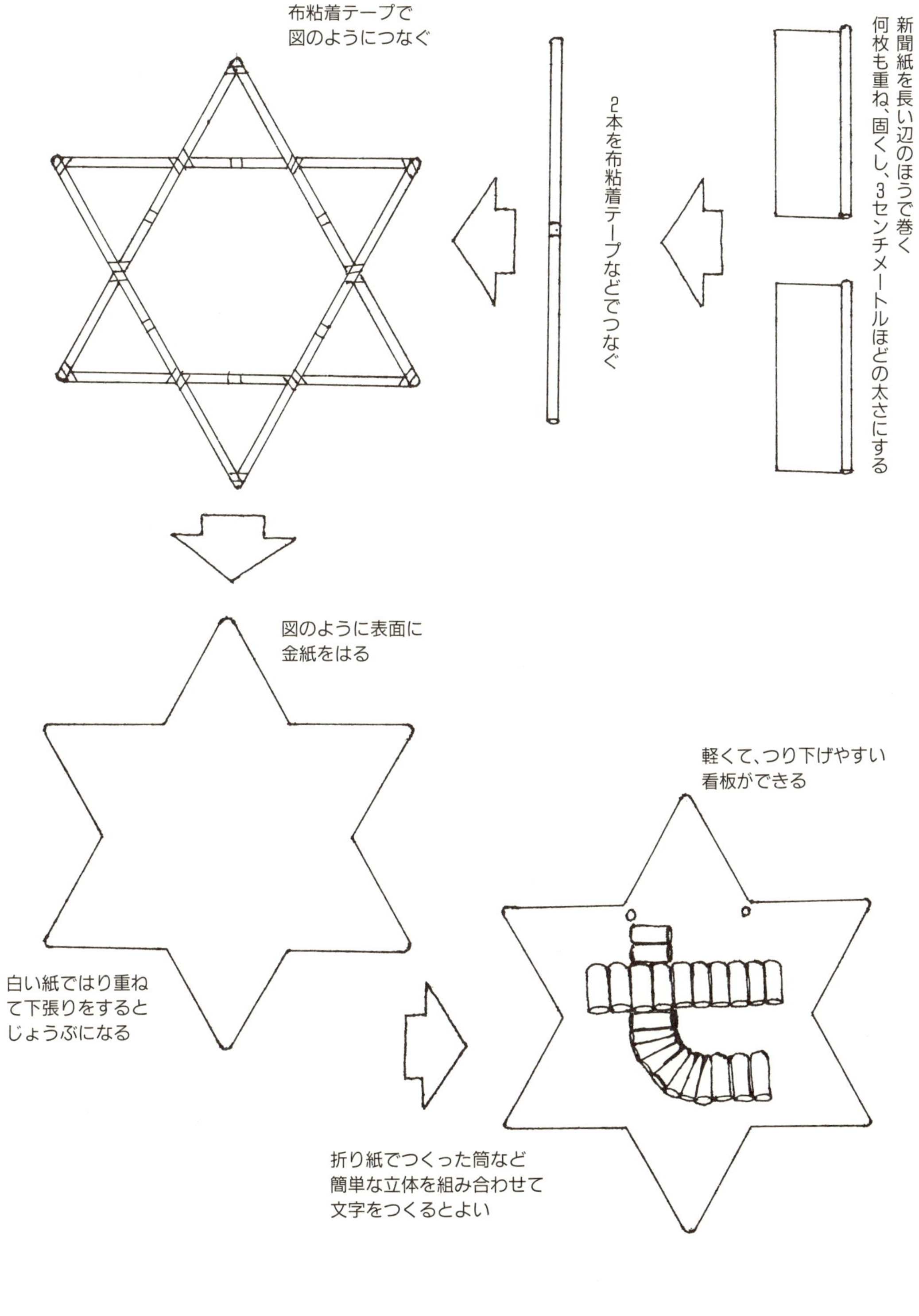
新聞紙を長い辺のほうで巻く
何枚も重ね、固くし、3センチメートルほどの太さにする
2本を布粘着テープなどでつなぐ
布粘着テープで
図のようにつなぐ
図のように表面に
金紙をはる
白い紙ではり重ね
て下張りをすると
じょうぶになる
軽くて、つり下げやすい
看板ができる
折り紙でつくった筒など
簡単な立体を組み合わせて
文字をつくるとよい

星（立体）

白ボール紙に
直径が２倍の同心円をかき
左図の星形を切り取る

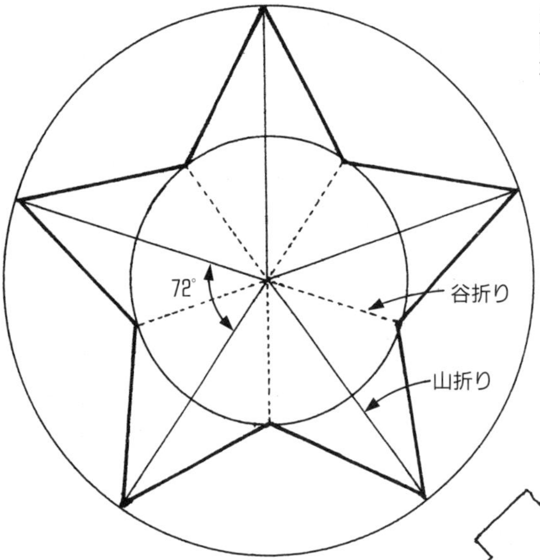

たくさんつくるときは
折り紙の大きさに合わせて
白ボール紙で型紙をつくるとよい

金紙や銀紙をはって
左図のように折る
（千枚通しなどで折り目を
つけると折りやすい）

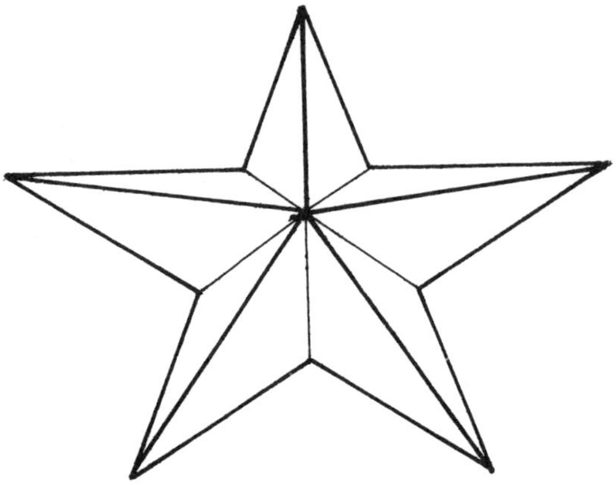

クリップを伸ばしたものを
下図のように
セロハンテープでつける

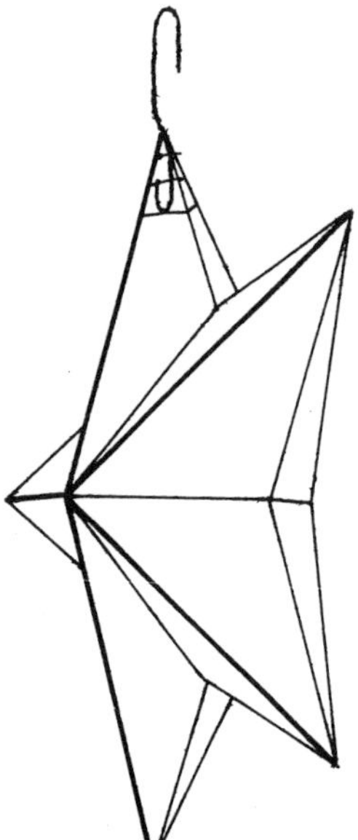

中にまるめた紙を入れて
セロハンテープで
２つを合わせる

星形のくす玉

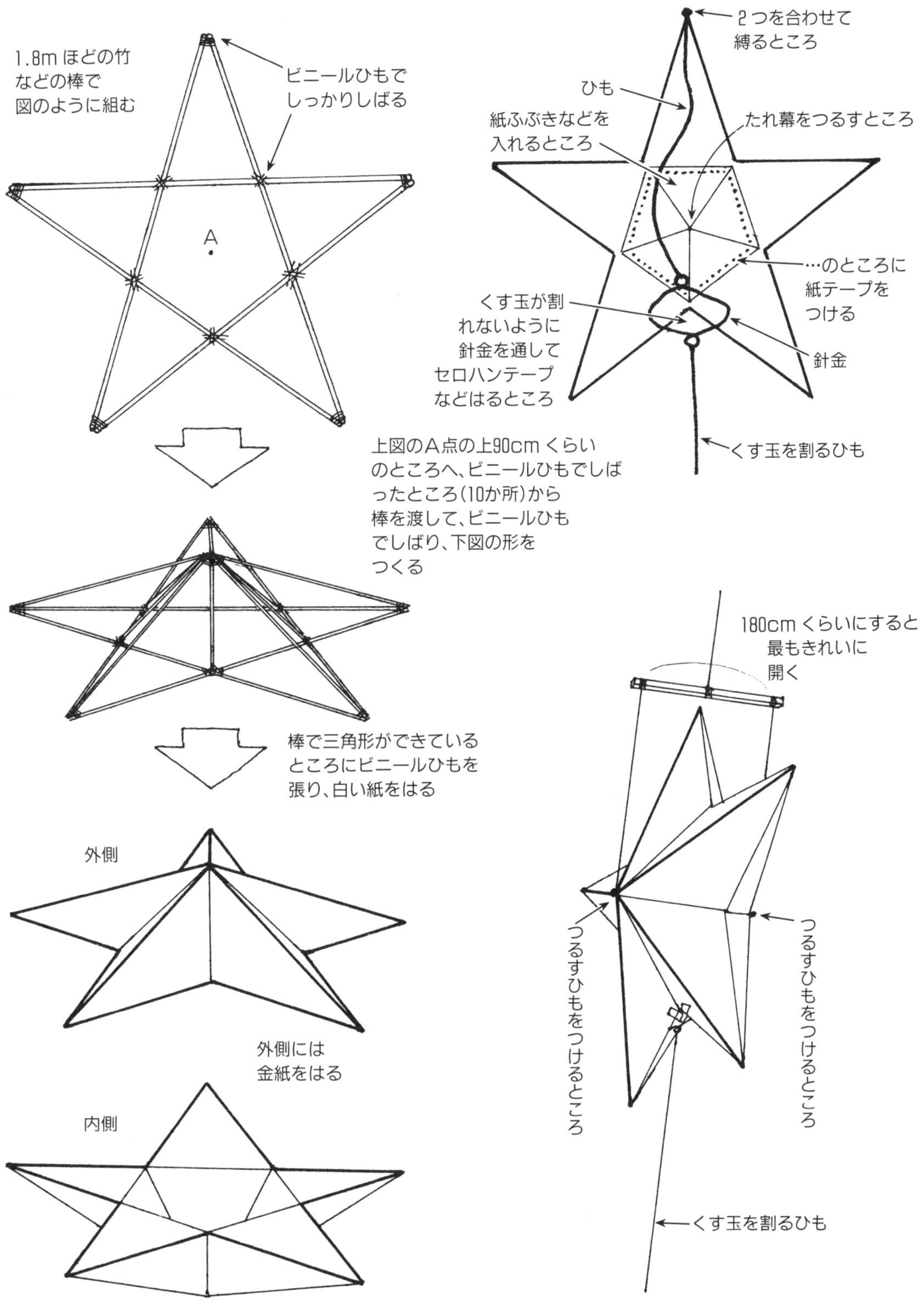
1.8m ほどの竹
などの棒で
図のように組む
ビニールひもで
しっかりしばる
A
上図のA点の上90cm くらい
のところへ、ビニールひもでしば
ったところ(10か所)から
棒を渡して、ビニールひも
でしばり、下図の形を
つくる
棒で三角形ができている
ところにビニールひもを
張り、白い紙をはる
外側
外側には
金紙をはる
内側
2つを合わせて
縛るところ
ひも
紙ふぶきなどを
入れるところ
たれ幕をつるすところ
…のところに
紙テープを
つける
くす玉が割
れないように
針金を通して
セロハンテープ
などはるところ
針金
くす玉を割るひも
180cm くらいにすると
最もきれいに
開く
つるすひもをつけるところ
つるすひもをつけるところ
くす玉を割るひも

大すべり台

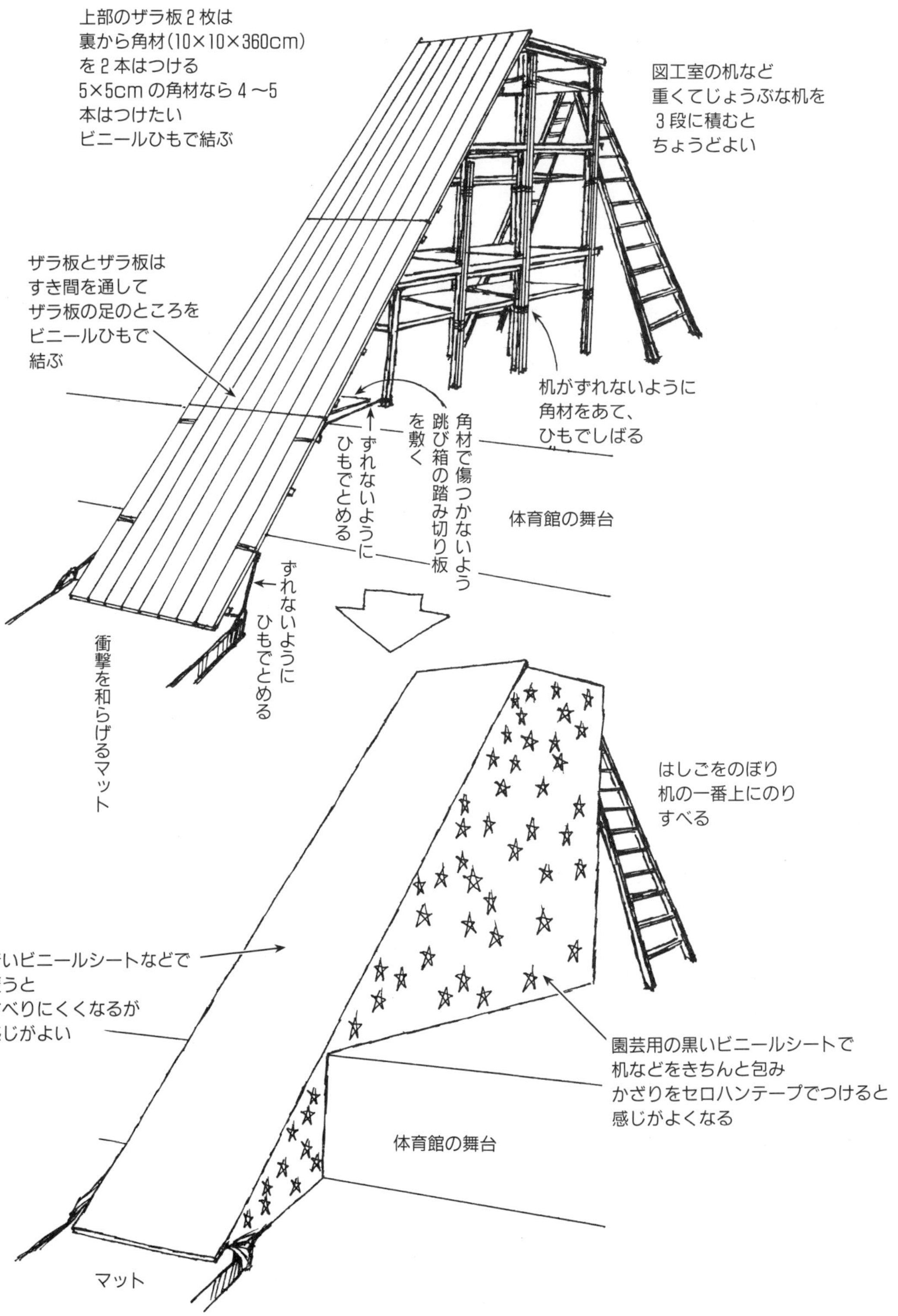

上部のザラ板２枚は
裏から角材(10×10×360cm)
を２本はつける
5×5cmの角材なら４〜5
本はつけたい
ビニールひもで結ぶ
図工室の机など
重くてじょうぶな机を
３段に積むと
ちょうどよい
ザラ板とザラ板は
すき間を通して
ザラ板の足のところを
ビニールひもで
結ぶ
机がずれないように
角材をあて、
ひもでしばる
角材で傷つかないよう
跳び箱の踏み切り板
を敷く
ずれないように
ひもでとめる
体育館の舞台
ずれないように
ひもでとめる
衝撃を和らげるマット
はしごをのぼり
机の一番上にのり
すべる
青いビニールシートなどで
覆うと
すべりにくくなるが
感じがよい
園芸用の黒いビニールシートで
机などをきちんと包み
かざりをセロハンテープでつけると
感じがよくなる
体育館の舞台
マット

ジャンボ運動会看板

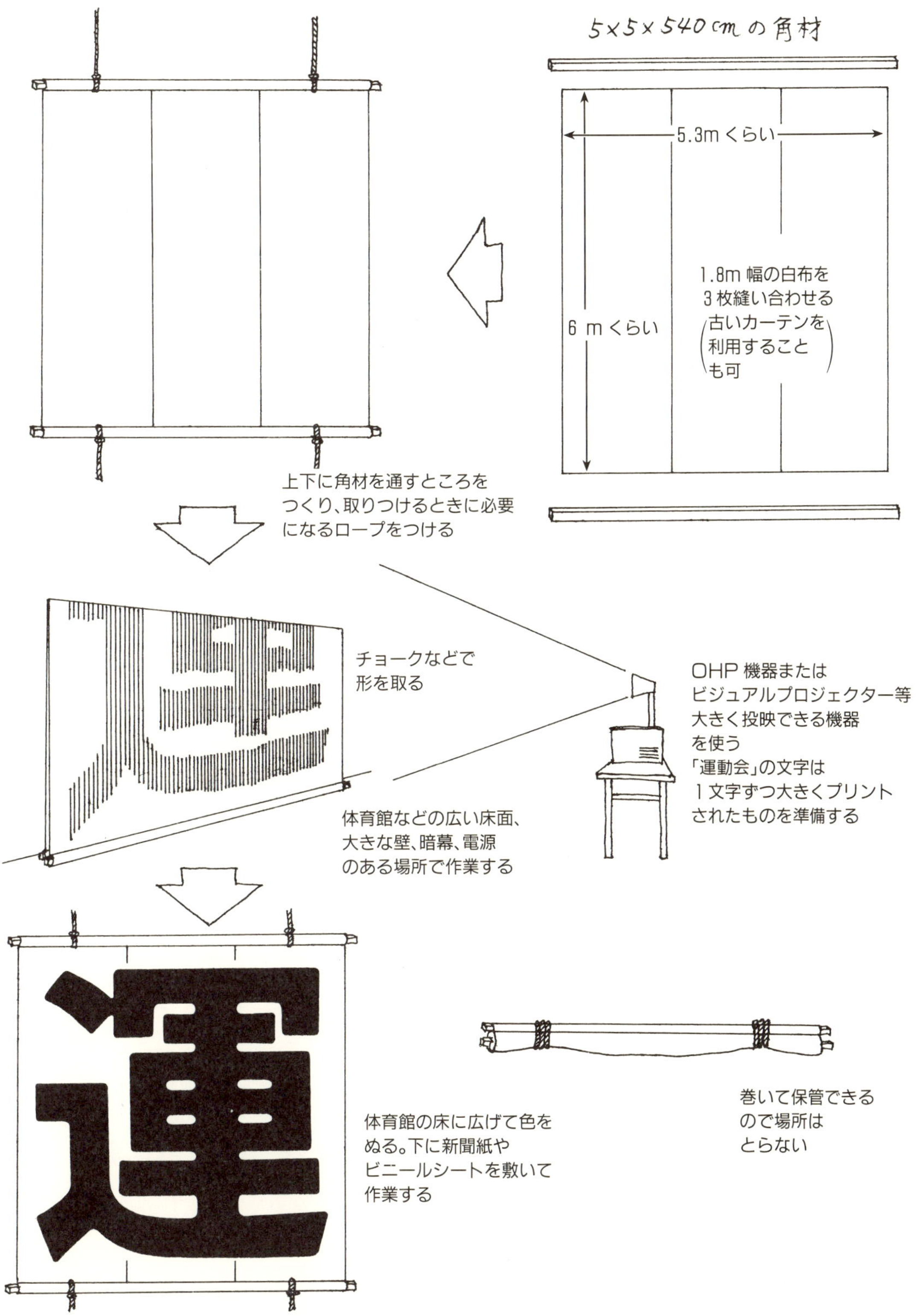
5×5×540cmの角材
5.3mくらい
6 mくらい
1.8m 幅の白布を
3 枚縫い合わせる
（古いカーテンを
利用すること
も可）
上下に角材を通すところを
つくり、取りつけるときに必要
になるロープをつける
チョークなどで
形を取る
OHP 機器または
ビジュアルプロジェクター等
大きく投映できる機器
を使う
「運動会」の文字は
1 文字ずつ大きくプリント
されたものを準備する
体育館などの広い床面、
大きな壁、暗幕、電源
のある場所で作業する
体育館の床に広げて色を
ぬる。下に新聞紙や
ビニールシートを敷いて
作業する
巻いて保管できる
ので場所は
とらない

紅白得点板

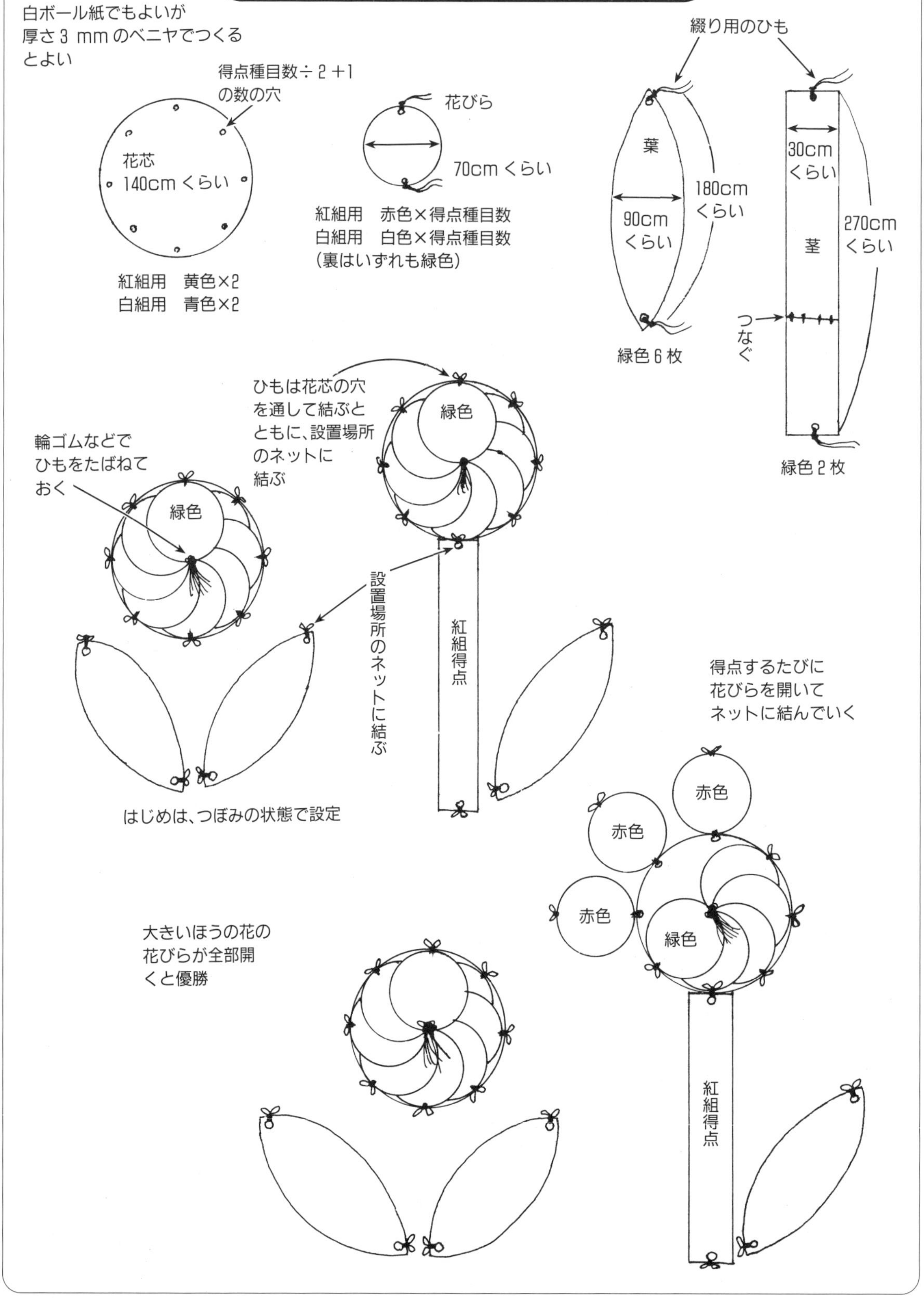
白ボール紙でもよいが
厚さ３ mmのベニヤでつくる
とよい
得点種目数÷２＋1
の数の穴
花芯
140cm くらい
紅組用　黄色×2
白組用　青色×2
花びら
70cm くらい
紅組用　赤色×得点種目数
白組用　白色×得点種目数
（裏はいずれも緑色）
綴り用のひも
葉
90cm
くらい
180cm
くらい
緑色６枚
30cm
くらい
茎
270cm
くらい
つなぐ
緑色２枚
ひもは花芯の穴
を通して結ぶと
ともに、設置場所
のネットに
結ぶ
輪ゴムなどで
ひもをたばねて
おく
緑色
緑色
設置場所のネットに結ぶ
紅組得点
はじめは、つぼみの状態で設定
得点するたびに
花びらを開いて
ネットに結んでいく
赤色
赤色
赤色
緑色
大きいほうの花の
花びらが全部開
くと優勝
紅組得点

トランプの湖の船

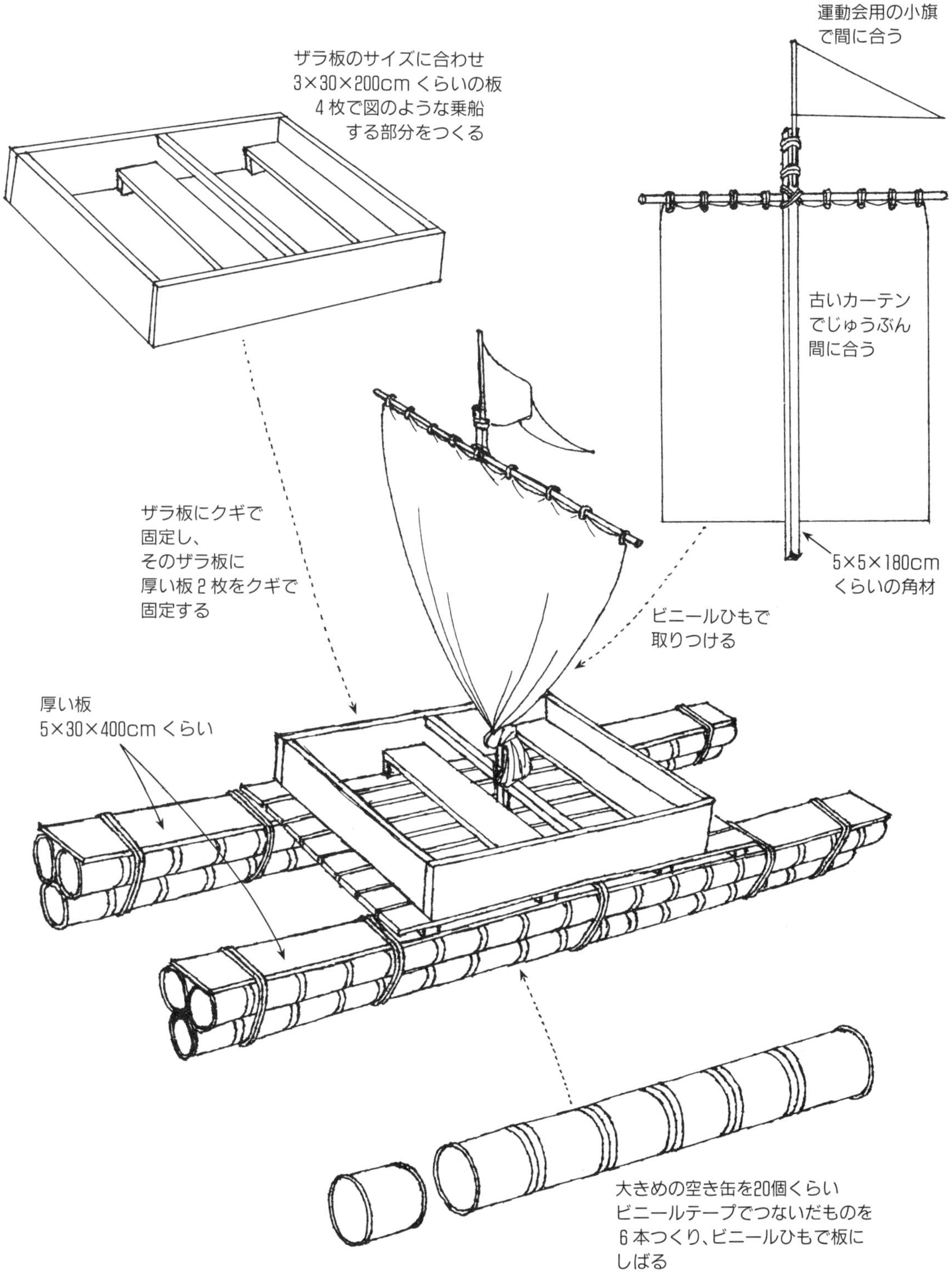
運動会用の小旗
で間に合う
ザラ板のサイズに合わせ
3×30×200cm くらいの板
4 枚で図のような乗船
する部分をつくる
古いカーテン
でじゅうぶん
間に合う
ザラ板にクギで
固定し、
そのザラ板に
厚い板 2 枚をクギで
固定する
5×5×180cm
くらいの角材
ビニールひもで
取りつける
厚い板
5×30×400cm くらい
大きめの空き缶を20個くらい
ビニールテープでつないだものを
6 本つくり、ビニールひもで板に
しばる

ジャンボツリー

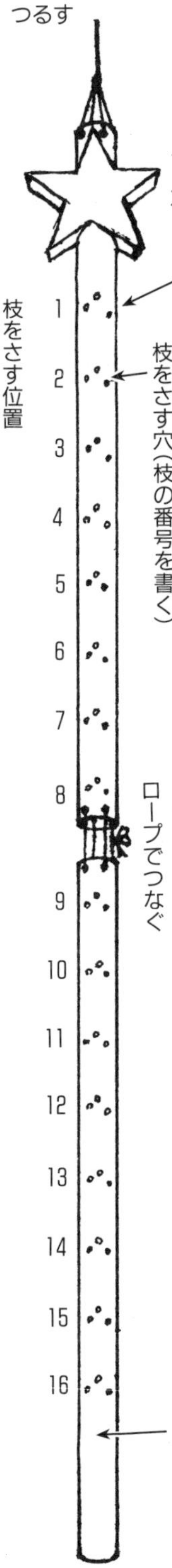
ロープで体育館中央につるす
トップスター
枝をさす位置
1
2
3
4
5
6
7
8
9
10
11
12
13
14
15
16
枝をさす穴（枝の番号を書く）
ロープでつなぐ
ツリーの幹(8m)
床にはるカーペットなどが巻いてある紙筒1本が4mくらい
直径は15cmくらい

枝をさす穴をドリルで開けるときは、下図のような型紙をつくり、まちがいなく穴の位置を決められるようにする

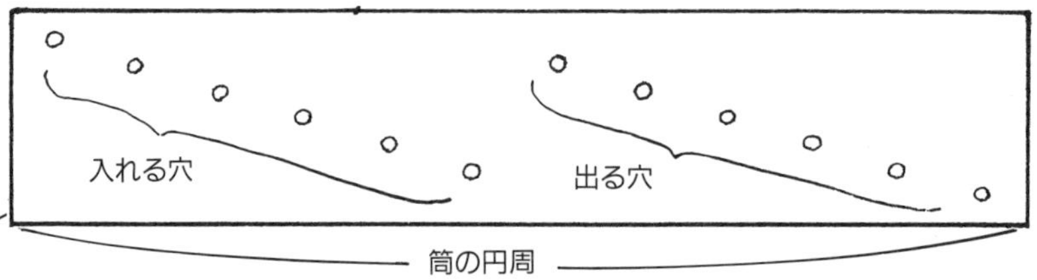
入れる穴
出る穴
筒の円周

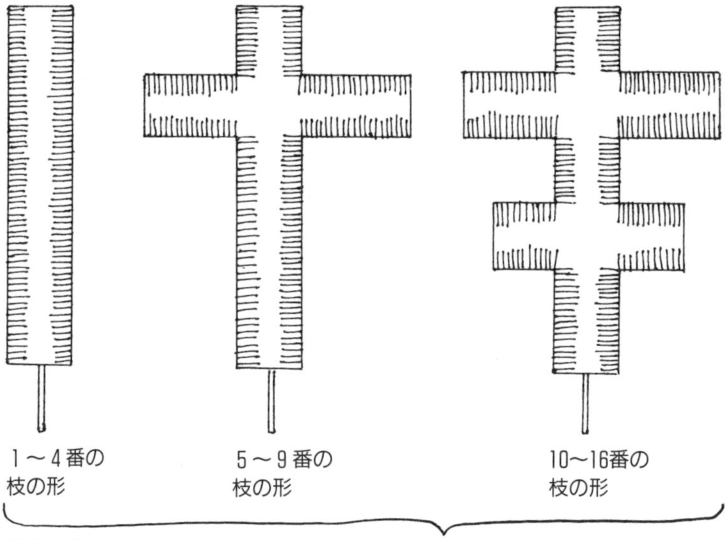
1～4番の枝の形
5～9番の枝の形
10～16番の枝の形

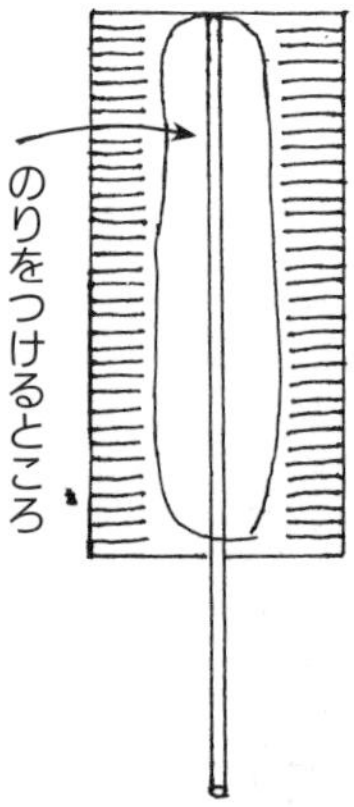
のりをつけるところ

緑色の色画用紙の真ん中にのりをつけ
竹をはさんでもう1枚の緑色の色画用紙をはる
2枚重ねて両側をはさみで図のように切る

1番の枝の長さは50cm
2番の枝の長さは60cm
3番の枝の長さは70cm
以下同様に10cmずつ長くし
16番の枝の長さは200cm

枝をつくるために必要な竹は全部で、2mの長さの竹が100本くらいになる

そり型カート

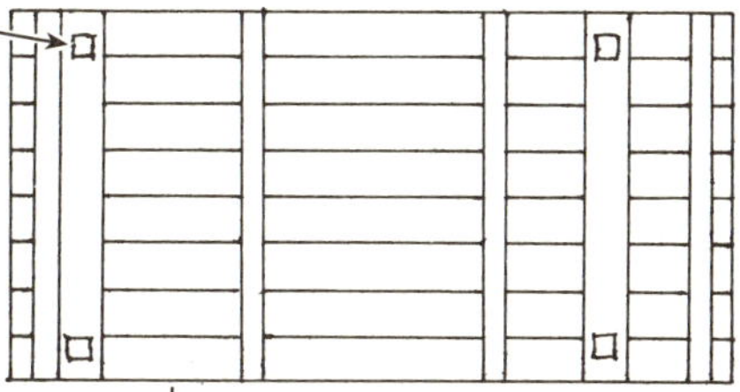
6×10×90cm くらいの角材
キャスターの位置
《ザラ板部分を裏から見る》

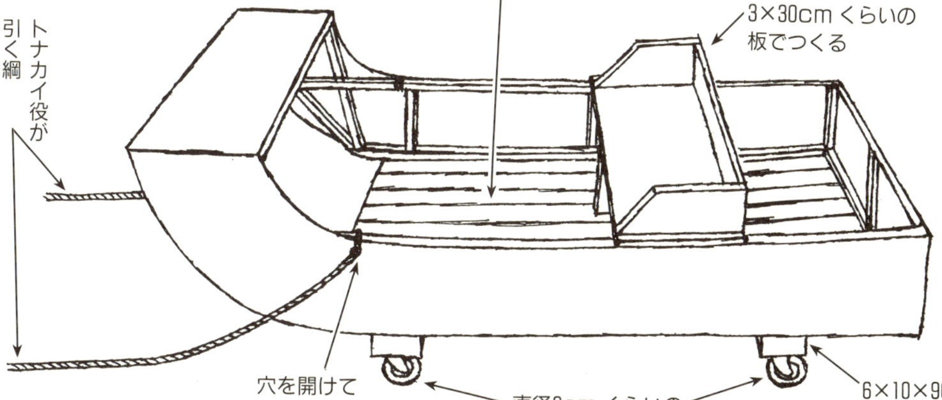
モールや金銀の星でかざると感じがよい
3×30cm くらいの板でつくる
トナカイ役が引く綱
穴を開けてしばる
直径6cm くらいのキャスター
6×10×90cm くらいの角材

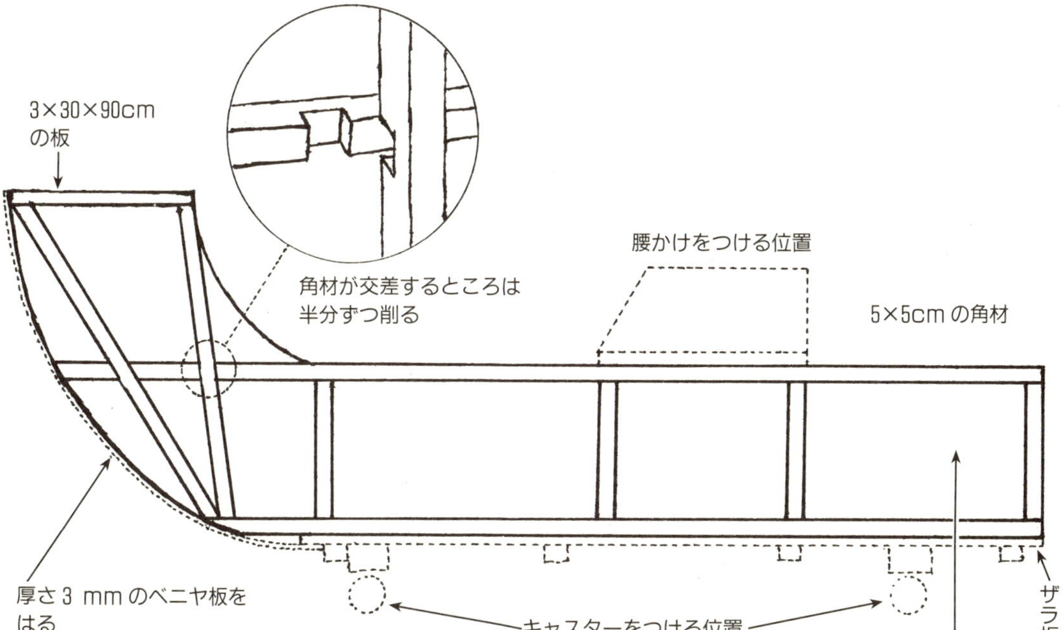
3×30×90cm の板
角材が交差するところは半分ずつ削る
腰かけをつける位置
5×5cm の角材
厚さ 3 mm のベニヤ板をはる
角材のあるところはクギでとめる。ないところは布粘着テープではる
キャスターをつける位置
厚さ 3 mm のベニヤ板
ザラ板

サンタのくる煙突

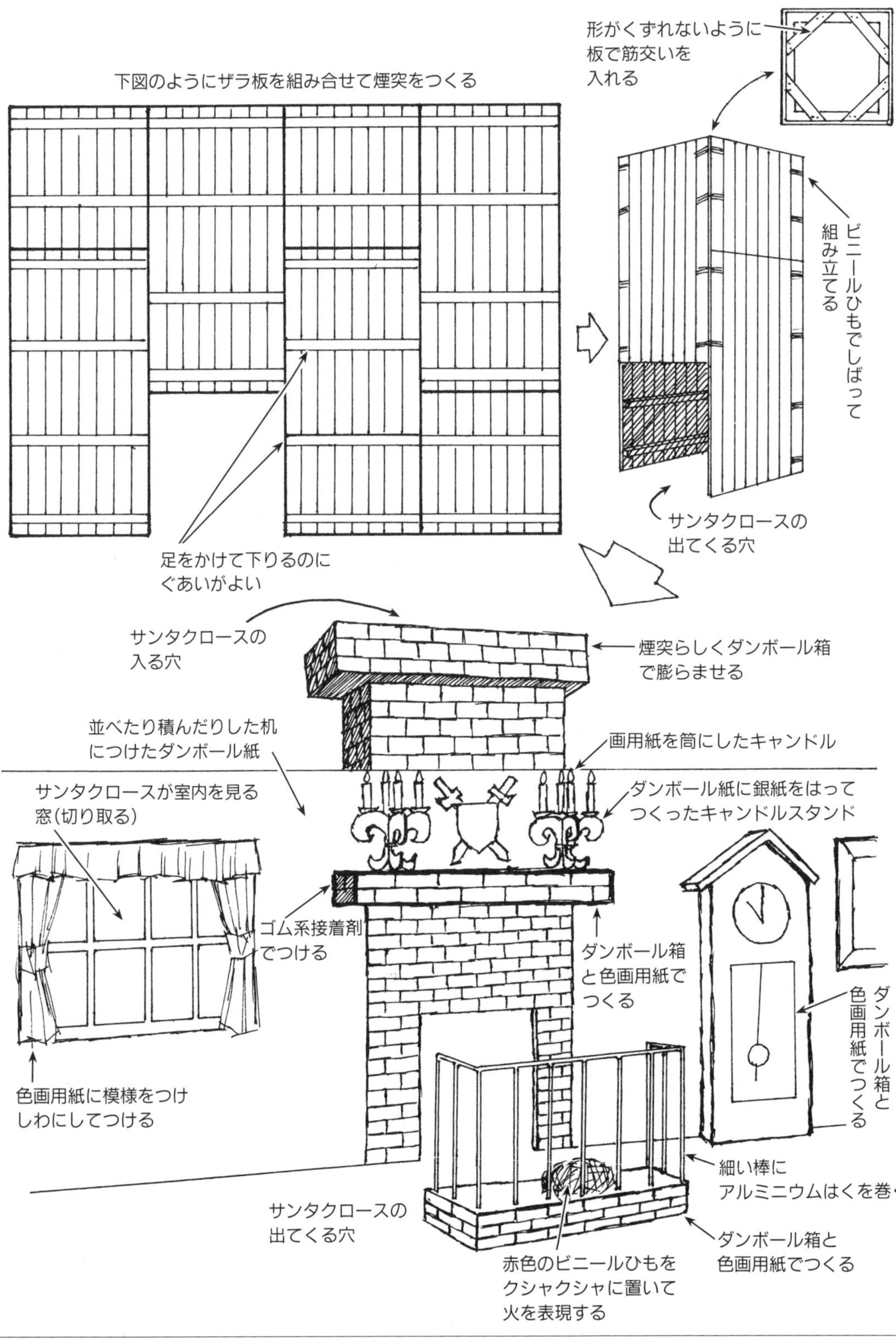

形がくずれないように
板で筋交いを
入れる
下図のようにザラ板を組み合せて煙突をつくる
ビニールひもでしばって
組み立てる
サンタクロースの
出てくる穴
足をかけて下りるのに
ぐあいがよい
サンタクロースの
入る穴
煙突らしくダンボール箱
で膨らませる
並べたり積んだりした机
につけたダンボール紙
画用紙を筒にしたキャンドル
サンタクロースが室内を見る
窓(切り取る)
ダンボール紙に銀紙をはって
つくったキャンドルスタンド
ゴム系接着剤
でつける
ダンボール箱
と色画用紙で
つくる
ダンボール箱と
色画用紙でつくる
色画用紙に模様をつけ
しわにしてつける
細い棒に
アルミニウムはくを巻く
サンタクロースの
出てくる穴
ダンボール箱と
色画用紙でつくる
赤色のビニールひもを
クシャクシャに置いて
火を表現する

サンタの入っていた箱

ダンボール紙(90×180cm)14枚でつくる

A(45×180) 4 枚

B(90×135) 8 枚

C(90×180) 4 枚

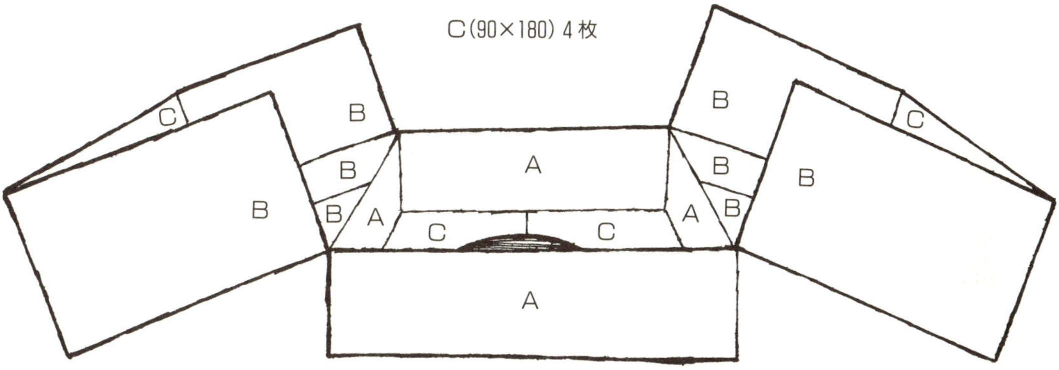

図のように粘着テープで組み立てる
底のまるい穴はサンタの立つところで
箱を動かすときは中で歩く

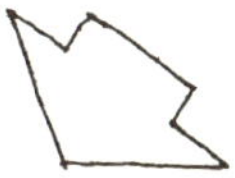

箱の口を色画用紙の
リボンで隠す
色画用紙で色をつけたり
もようをつけたりするとよい

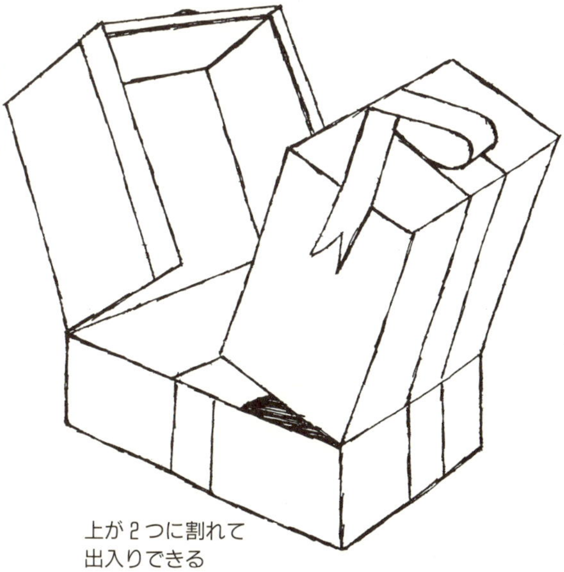

上が 2 つに割れて
出入りできる

門　松

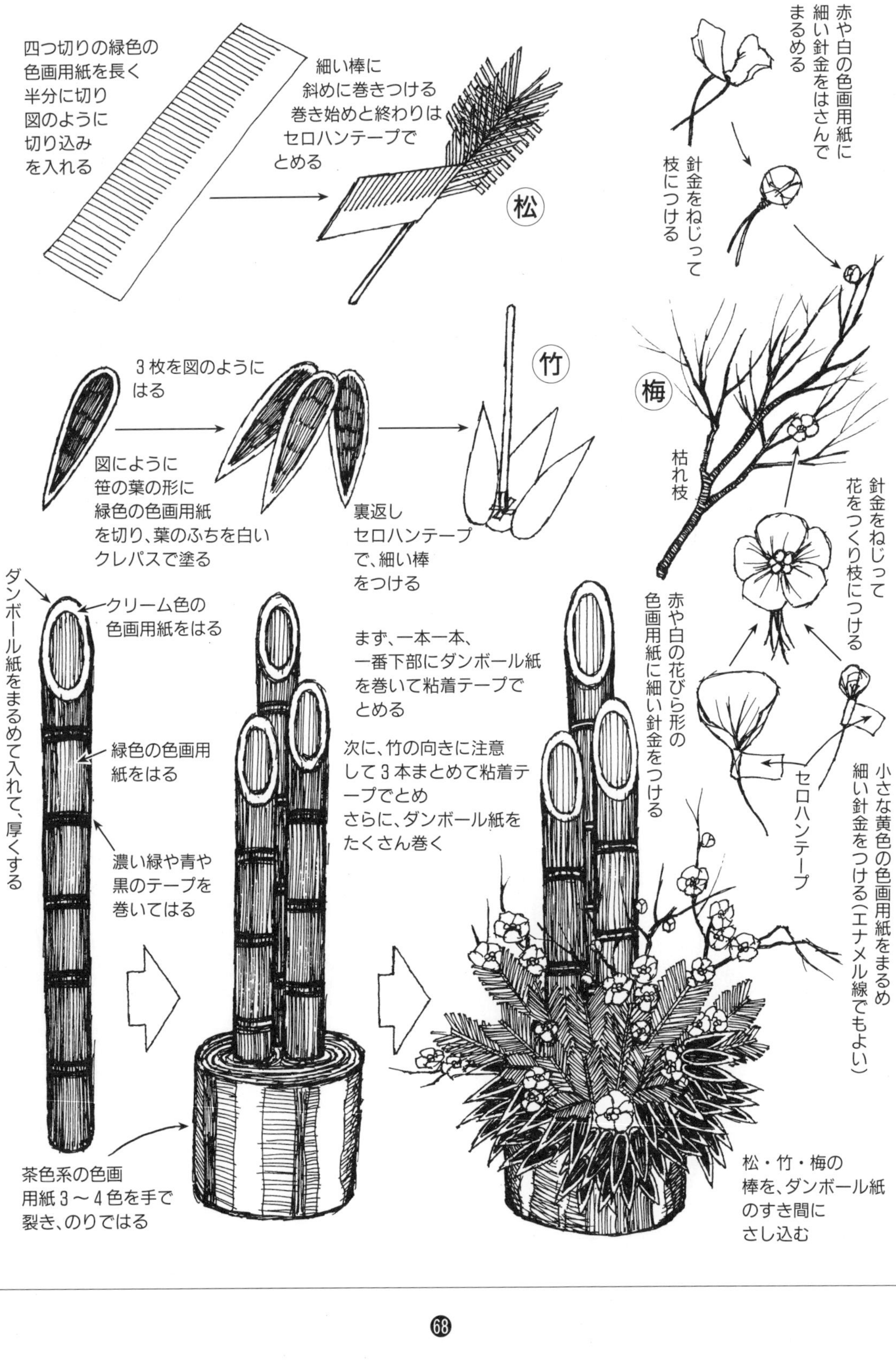
四つ切りの緑色の
色画用紙を長く
半分に切り
図のように
切り込み
を入れる
細い棒に
斜めに巻きつける
巻き始めと終わりは
セロハンテープで
とめる
松
赤や白の色画用紙に
細い針金をはさんで
まるめる
針金をねじって
枝につける
3 枚を図のように
はる
図にように
笹の葉の形に
緑色の色画用紙
を切り、葉のふちを白い
クレパスで塗る
裏返し
セロハンテープ
で、細い棒
をつける
竹
梅
枯れ枝
針金をねじって
花をつくり枝につける
赤や白の花びら形の
色画用紙に細い針金をつける
小さな黄色の色画用紙をまるめ
細い針金をつける（エナメル線でもよい）
セロハンテープ
ダンボール紙をまるめて入れて、厚くする
クリーム色の
色画用紙をはる
緑色の色画用
紙をはる
濃い緑や青や
黒のテープを
巻いてはる
まず、一本一本、
一番下部にダンボール紙
を巻いて粘着テープで
とめる
次に、竹の向きに注意
して 3 本まとめて粘着テ
ープでとめ
さらに、ダンボール紙を
たくさん巻く
茶色系の色画
用紙 3 〜 4 色を手で
裂き、のりではる
松・竹・梅の
棒を、ダンボール紙
のすき間に
さし込む

特大さいころ

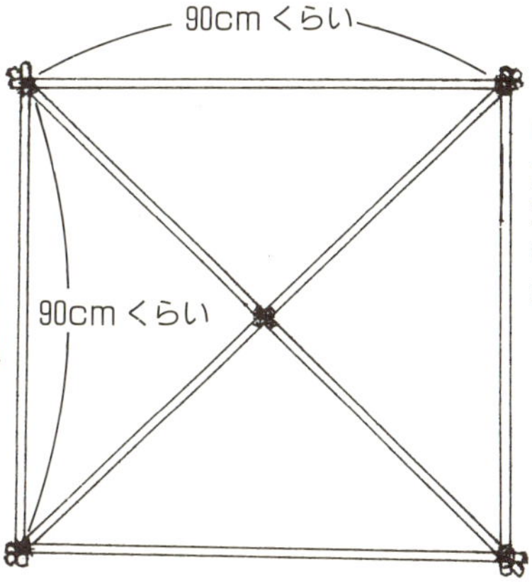

じょうぶにするために丸竹で図のように組む

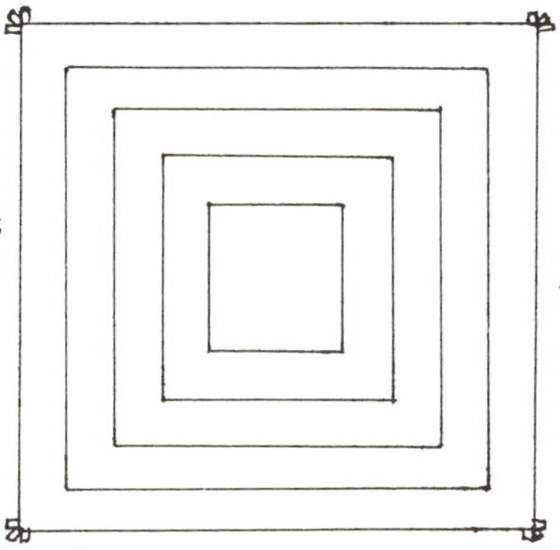

膨らみをつけるため粘着テープを使いダンボール紙を図のように重ねて固定する

表面をなめらかにするために、白ボール紙の帯紙を重ねる

表面に白い紙をはる

6枚合わせて白い紙をはる
特に面と面のつなぎめは、何重にもはる

目は色画用紙で切り抜いてつける

大きなさいころは軽くて丸みをつけないところがらない

ダンボール箱を積んだ大鬼

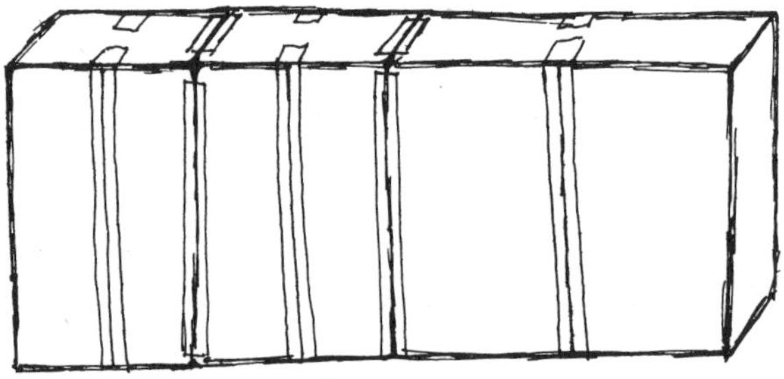

同じ高さの箱を集めて
しっかり粘着テープでつなぐ

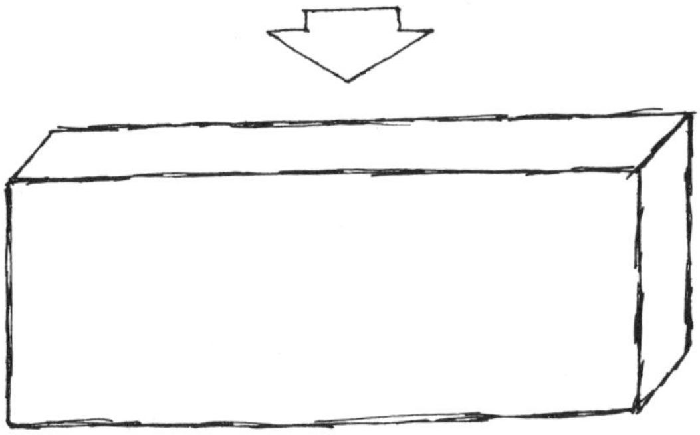

大きな白い紙(B紙など)の
片面の全面にのり(洗濯のりを
うすめる)をつけて、まるごとくるむ

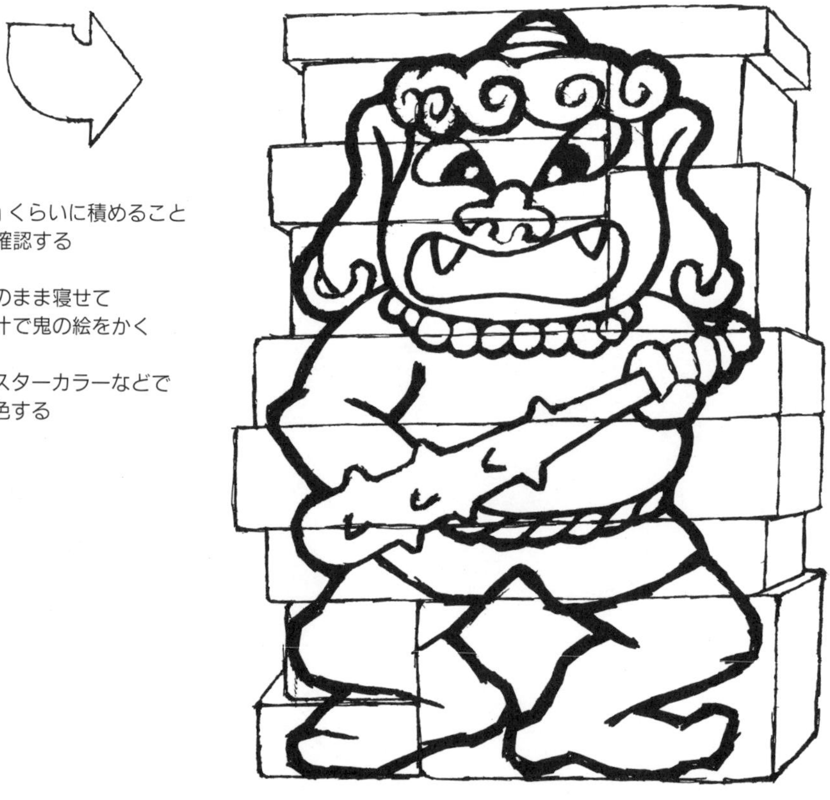

5mくらいに積めること
を確認する

そのまま寝せて
墨汁で鬼の絵をかく

ポスターカラーなどで
彩色する

ユニコーンのアーチ

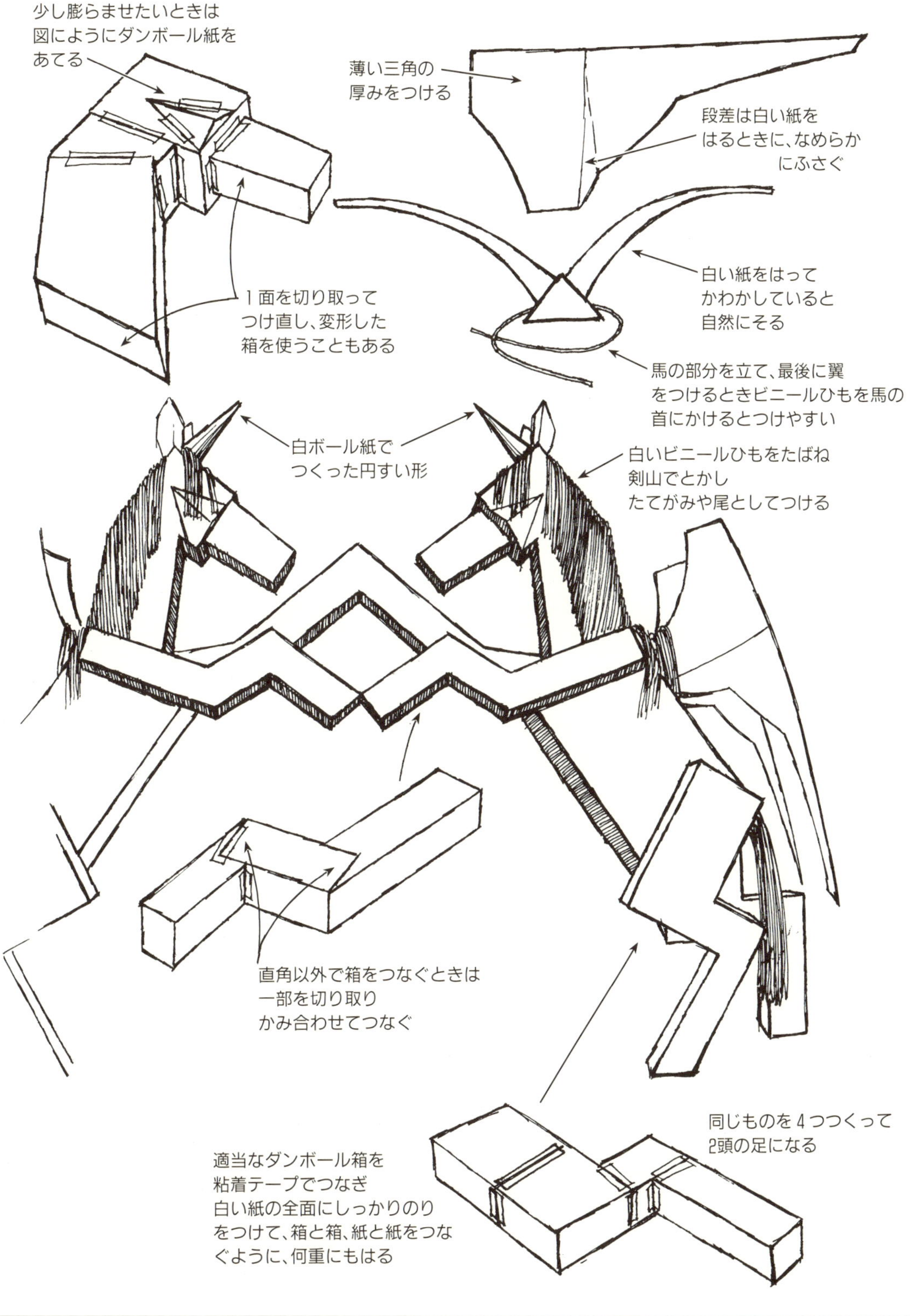
少し膨らませたいときは
図にようにダンボール紙を
あてる
薄い三角の
厚みをつける
段差は白い紙を
はるときに、なめらか
にふさぐ
白い紙をはって
かわかしていると
自然にそる
1面を切り取って
つけ直し、変形した
箱を使うこともある
馬の部分を立て、最後に翼
をつけるときビニールひもを馬の
首にかけるとつけやすい
白ボール紙で
つくった円すい形
白いビニールひもをたばね
剣山でとかし
たてがみや尾としてつける
直角以外で箱をつなぐときは
一部を切り取り
かみ合わせてつなぐ
同じものを4つつくって
2頭の足になる
適当なダンボール箱を
粘着テープでつなぎ
白い紙の全面にしっかりのり
をつけて、箱と箱、紙と紙をつな
ぐように、何重にもはる

西洋風城のアーチ

《入り口両側の円柱》

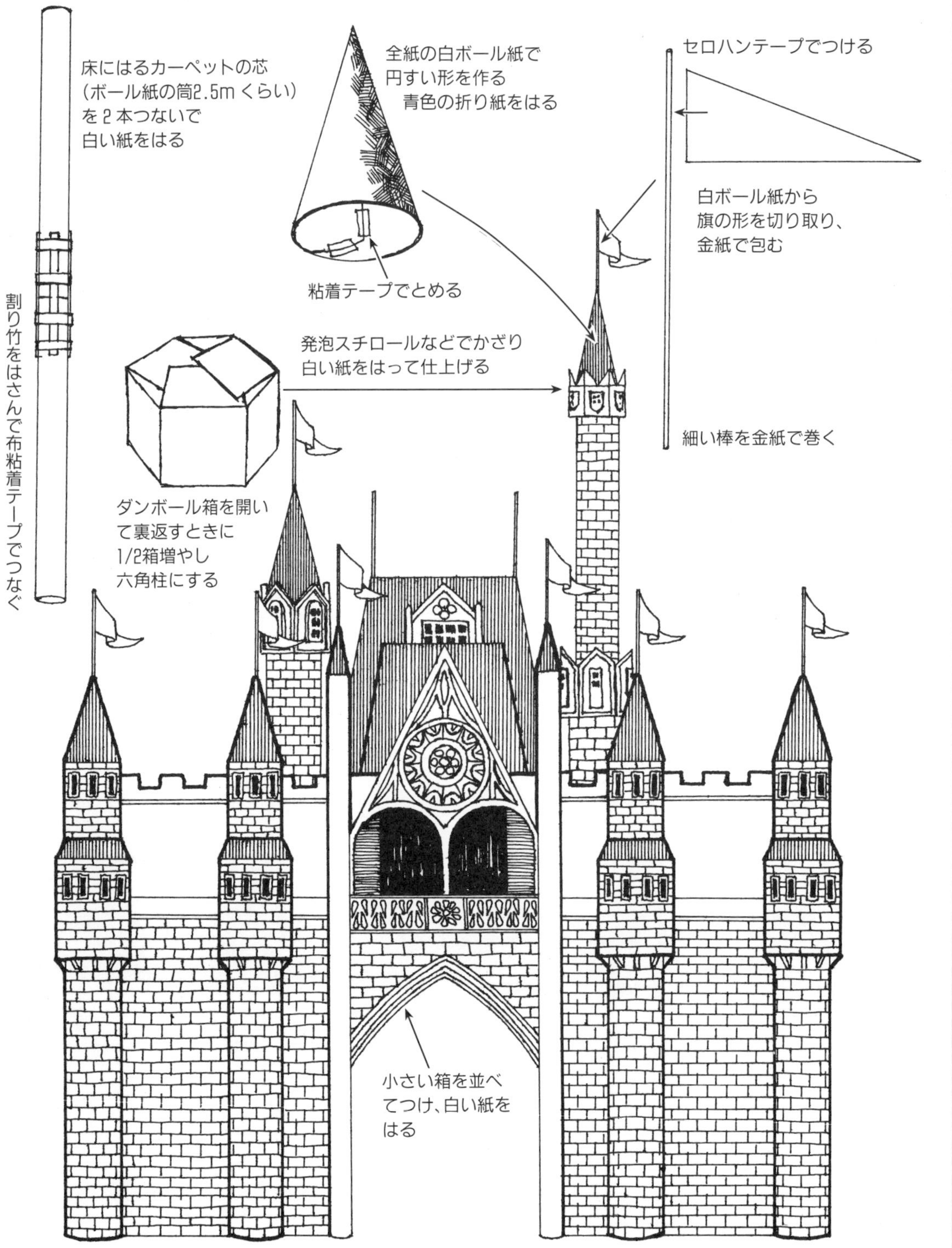
床にはるカーペットの芯
(ボール紙の筒2.5m くらい)
を２本つないで
白い紙をはる
割り竹をはさんで布粘着テープでつなぐ
全紙の白ボール紙で
円すい形を作る
青色の折り紙をはる
粘着テープでとめる
セロハンテープでつける
白ボール紙から
旗の形を切り取り、
金紙で包む
細い棒を金紙で巻く
発泡スチロールなどでかざり
白い紙をはって仕上げる
ダンボール箱を開い
て裏返すときに
1/2箱増やし
六角柱にする
小さい箱を並べ
てつけ、白い紙を
はる

西洋風城のアーチ　つづき

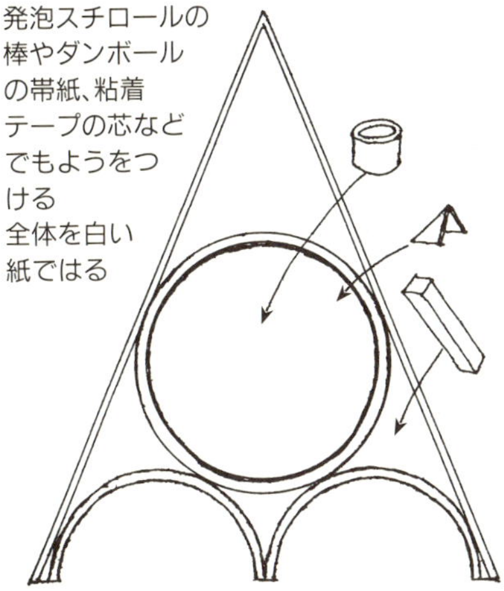
発泡スチロールの
棒やダンボール
の帯紙、粘着
テープの芯など
でもようをつ
ける
全体を白い
紙ではる

《破風部分のかざり》

《ベランダの手すり》

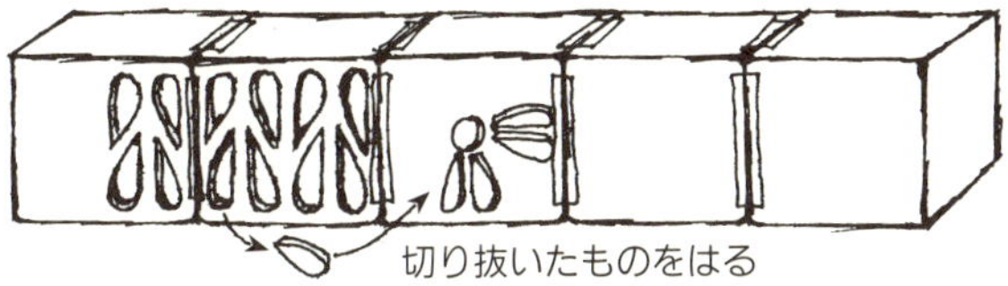
粘着テープでダンボール箱を
つなぎ、切り抜いて、白い紙をはる
切り抜いたものをはる

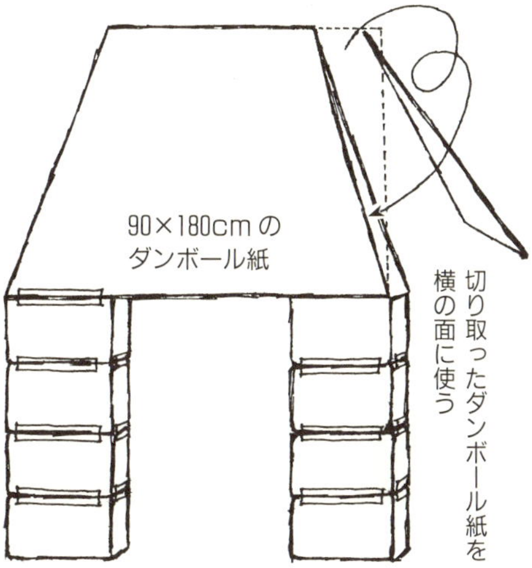
90×180cm の
ダンボール紙
切り取ったダンボール紙を
横の面に使う

《中央建物部分》

《塔の円柱部分》

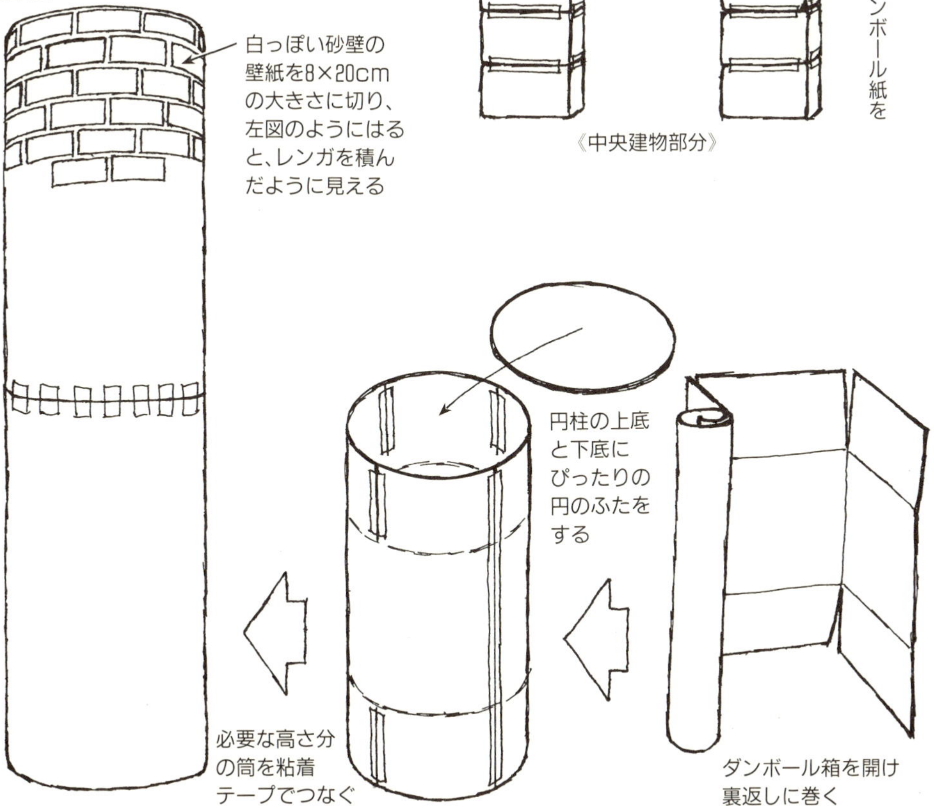
白っぽい砂壁の
壁紙を8×20cm
の大きさに切り、
左図のようにはる
と、レンガを積ん
だように見える
円柱の上底
と下底に
ぴったりの
円のふたを
する
必要な高さ分
の筒を粘着
テープでつなぐ
ダンボール箱を開け
裏返しに巻く

ミッキーマウスの耳

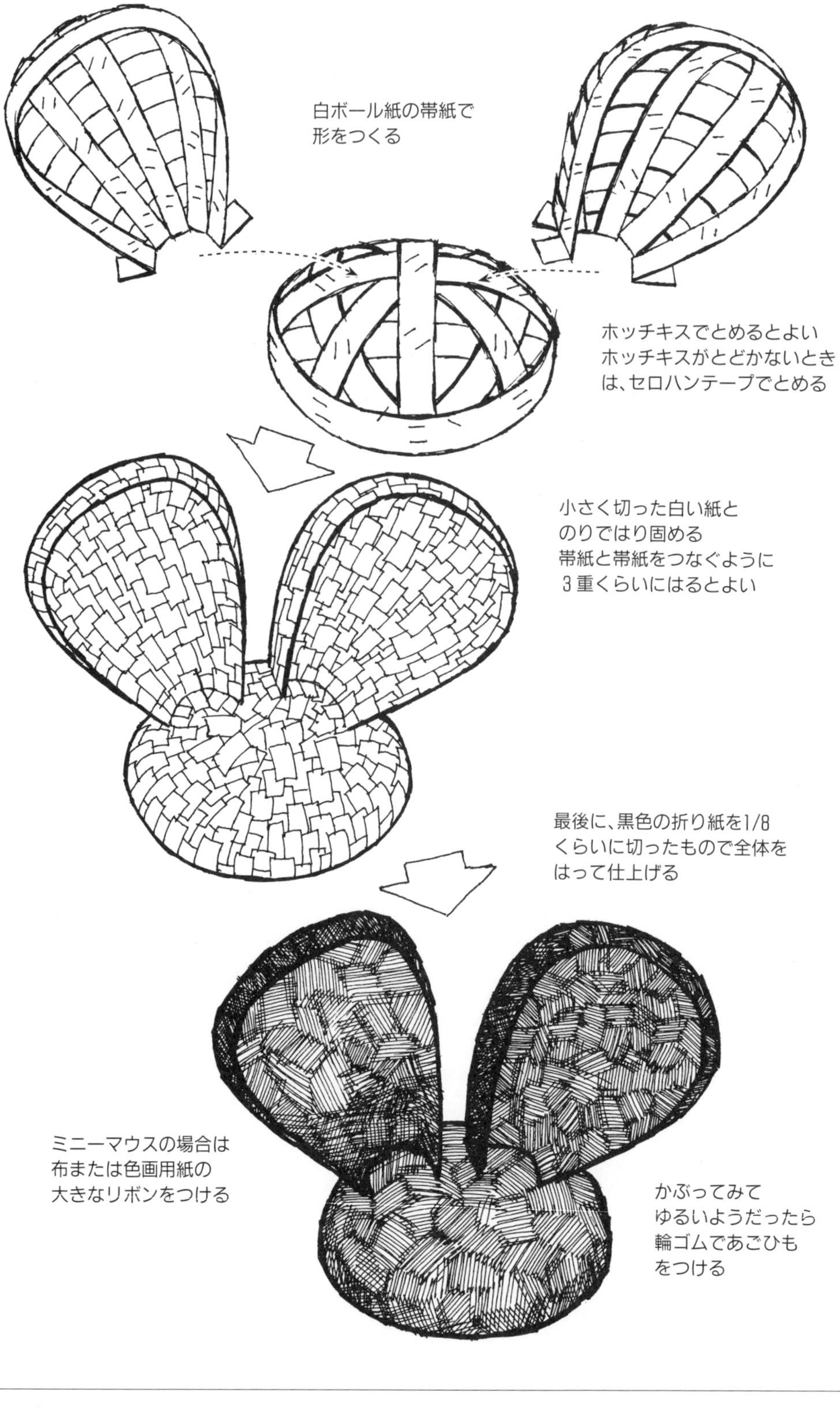
白ボール紙の帯紙で
形をつくる
ホッチキスでとめるとよい
ホッチキスがとどかないとき
は、セロハンテープでとめる
小さく切った白い紙と
のりではり固める
帯紙と帯紙をつなぐように
3重くらいにはるとよい
最後に、黒色の折り紙を1/8
くらいに切ったもので全体を
はって仕上げる
ミニーマウスの場合は
布または色画用紙の
大きなリボンをつける
かぶってみて
ゆるいようだったら
輪ゴムであごひも
をつける

ドラえもんの頭

ドラえもんの頭と体のバランスを考え
特に大きな地球儀やビーチボール
などを型にしてつくる
地球儀を汚したり傷つけたりしない
ように、ビニール袋を何重かにかぶせる
ビニールのたるみはセロハンテープを
使ってとめる

①小さく切った紙を
たくさん準備し
まず、2重に水ではる
その後、5重くらいのり
ではる

②乾いたら、カッターナイフ
で2つに割って
ビニール袋ごと出す

③小さく切った紙を
内側からものりで
はり、2つに割った
切り口も紙をはって
つなぐ

口のところを
カッターナイフで
切り取り
外を見る穴
にする

青いところは、青い折り紙をはる
赤い鼻は、発泡スチロールを
芯にして、赤い折り紙をはってつくる
黒いひげは、平たい竹ひご
に黒の油性ペンで塗り
差し込んで接着する

ビニール袋のしばりめ
のあったところをまるく切
り取って、頭を入れるところ
にする

かぶと

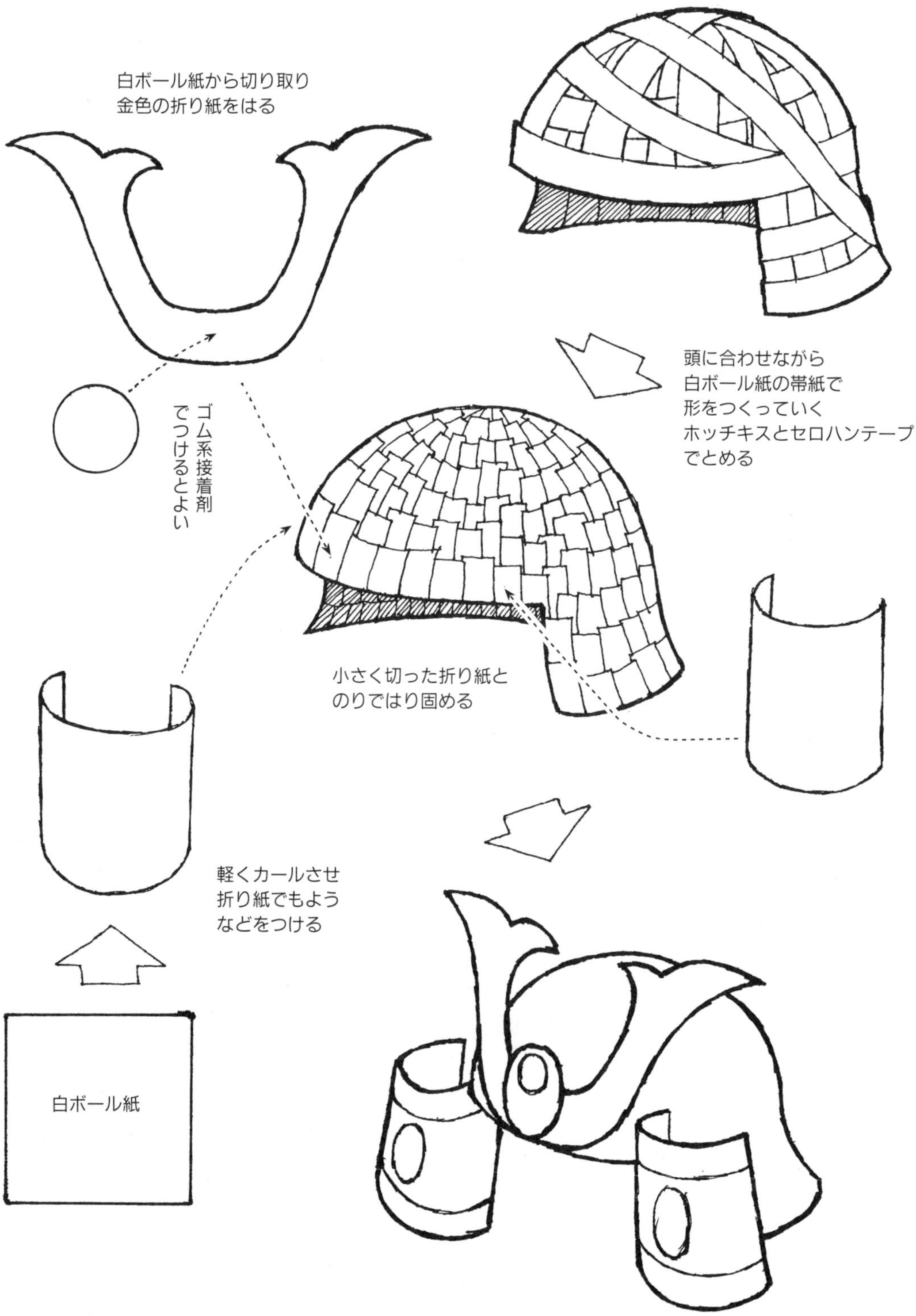
白ボール紙から切り取り
金色の折り紙をはる
頭に合わせながら
白ボール紙の帯紙で
形をつくっていく
ホッチキスとセロハンテープ
でとめる
ゴム系接着剤
でつけるとよい
小さく切った折り紙と
のりではり固める
軽くカールさせ
折り紙でもよう
などをつける
白ボール紙

おり姫の頭かざり

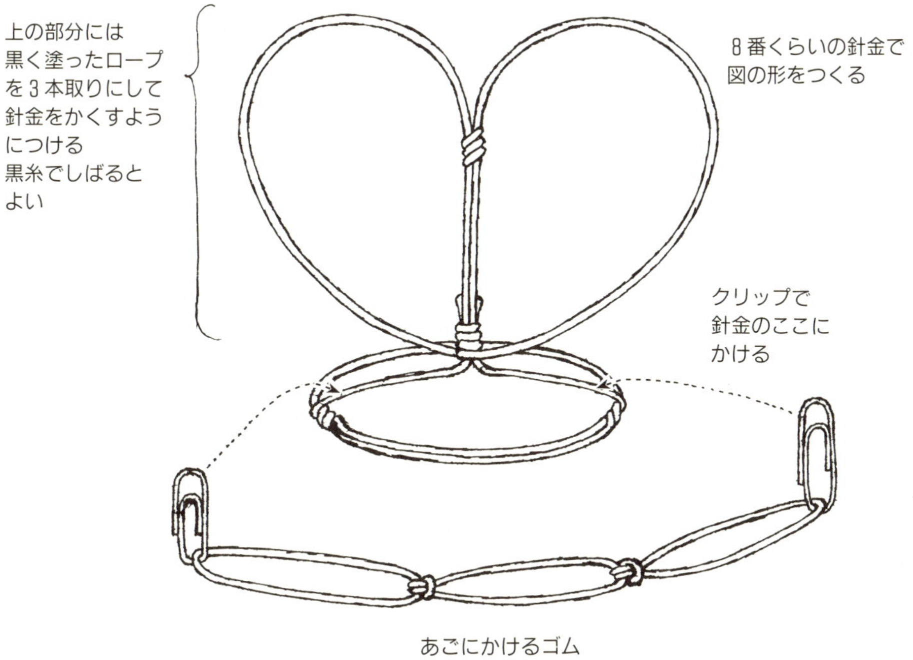
上の部分には
黒く塗ったロープ
を3本取りにして
針金をかくすよう
につける
黒糸でしばるとよい
8番くらいの針金で
図の形をつくる
クリップで
針金のここに
かける
あごにかけるゴム

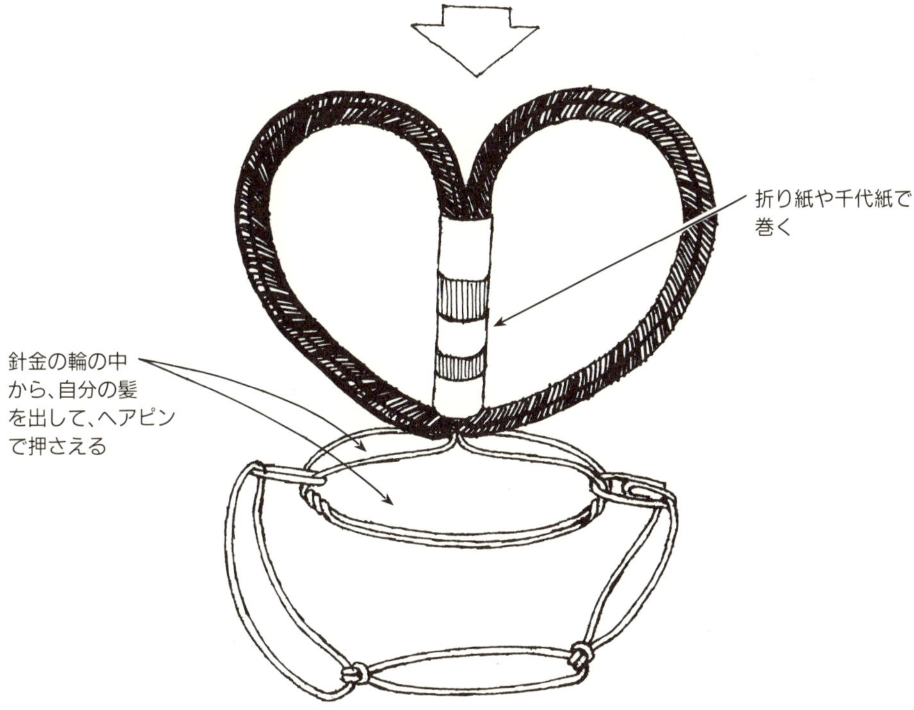
折り紙や千代紙で
巻く
針金の輪の中
から、自分の髪
を出して、ヘアピン
で押さえる

特大キャンドルスタンド

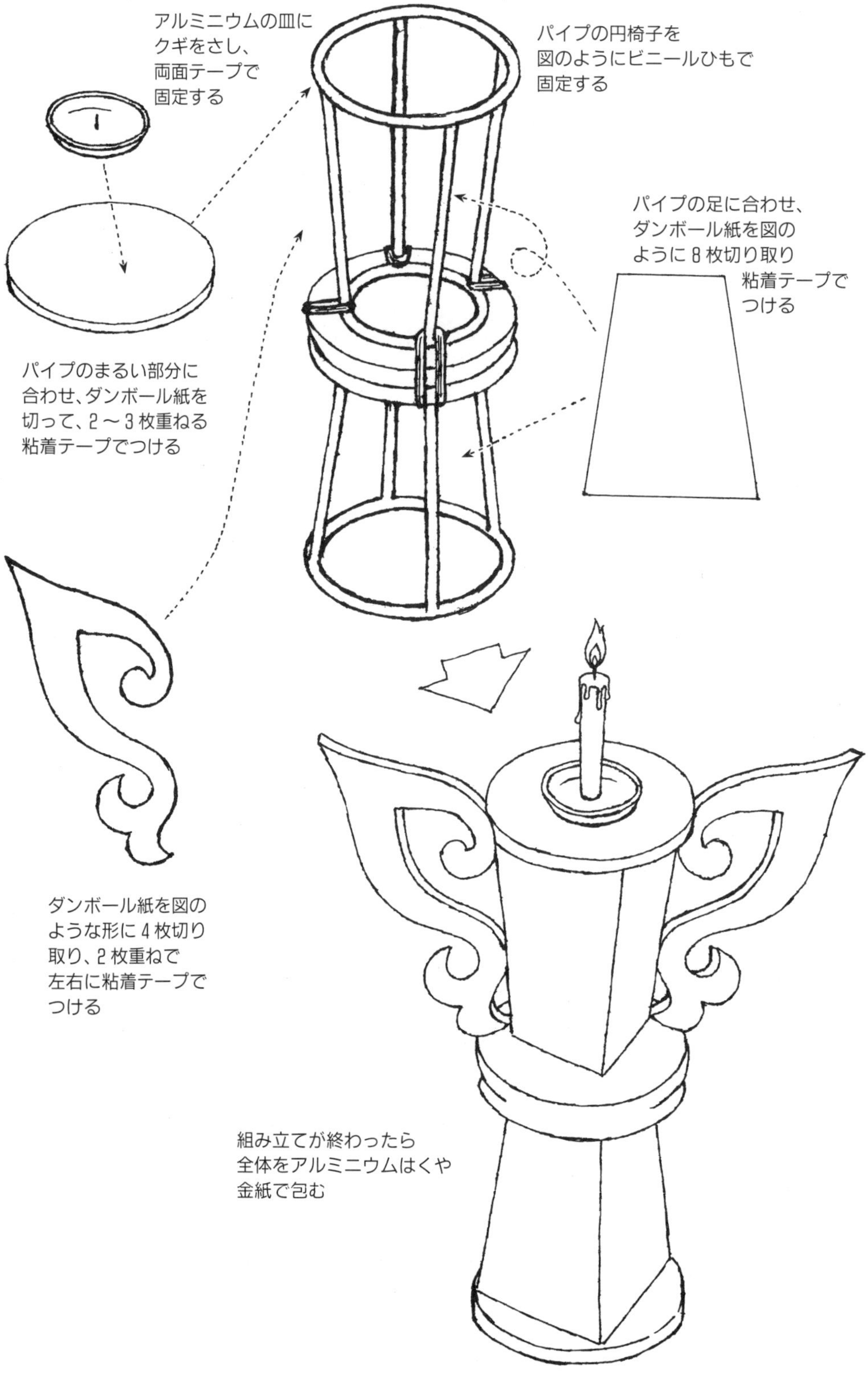
アルミニウムの皿に
クギをさし、
両面テープで
固定する
パイプの円椅子を
図のようにビニールひもで
固定する
パイプの足に合わせ、
ダンボール紙を図の
ように 8 枚切り取り
粘着テープで
つける
パイプのまるい部分に
合わせ、ダンボール紙を
切って、2 ～ 3 枚重ねる
粘着テープでつける
ダンボール紙を図の
ような形に 4 枚切り
取り、2 枚重ねで
左右に粘着テープで
つける
組み立てが終わったら
全体をアルミニウムはくや
金紙で包む

鬼のかつら

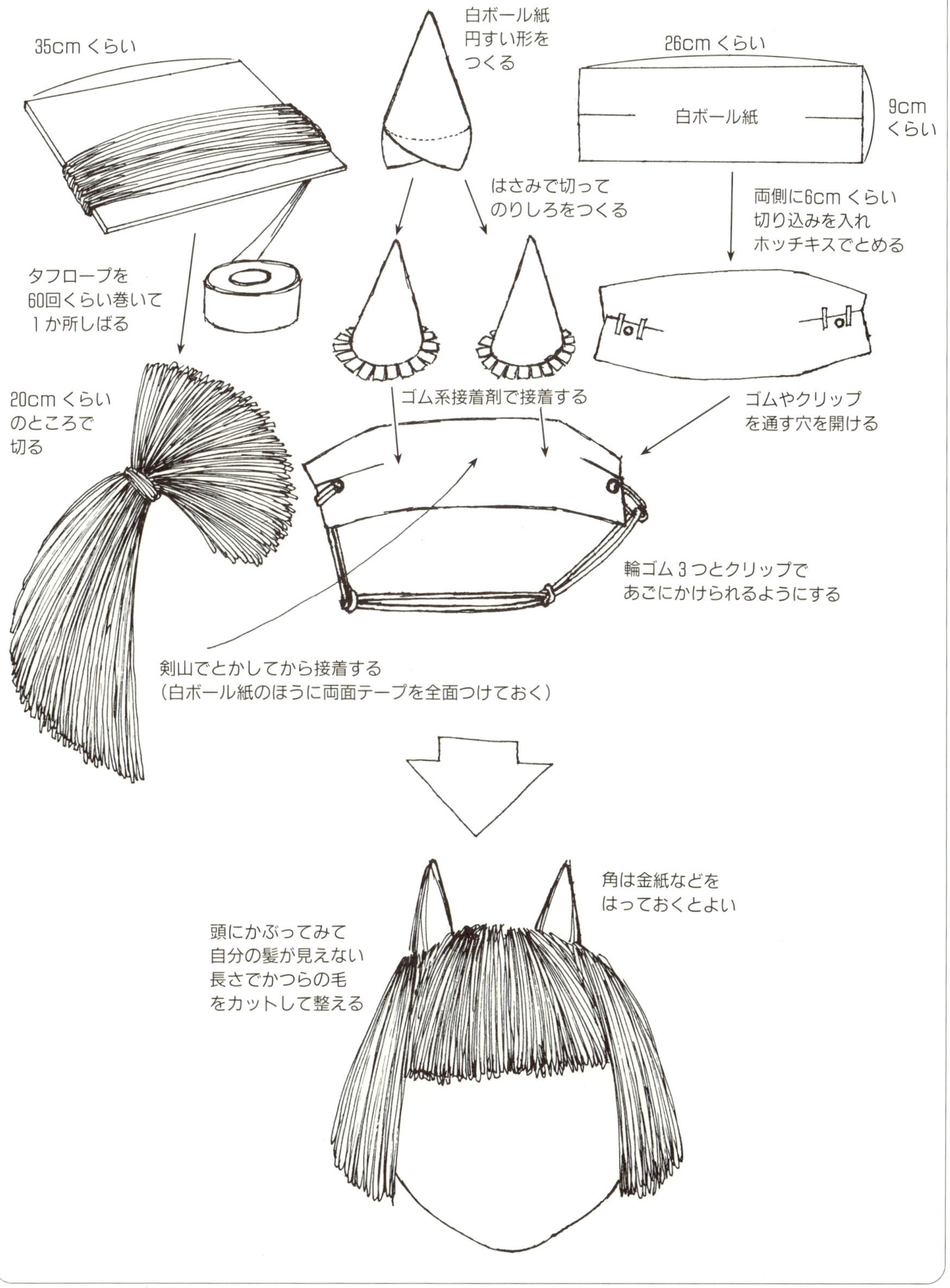
35cm くらい
タフロープを
60回くらい巻いて
1か所しばる
20cm くらい
のところで
切る
白ボール紙
円すい形を
つくる
はさみで切って
のりしろをつくる
26cm くらい
白ボール紙
9cm
くらい
両側に6cm くらい
切り込みを入れ
ホッチキスでとめる
ゴム系接着剤で接着する
ゴムやクリップ
を通す穴を開ける
輪ゴム3つとクリップで
あごにかけられるようにする
剣山でとかしてから接着する
(白ボール紙のほうに両面テープを全面つけておく)
角は金紙などを
はっておくとよい
頭にかぶってみて
自分の髪が見えない
長さでかつらの毛
をカットして整える

動物のかざり

●くま

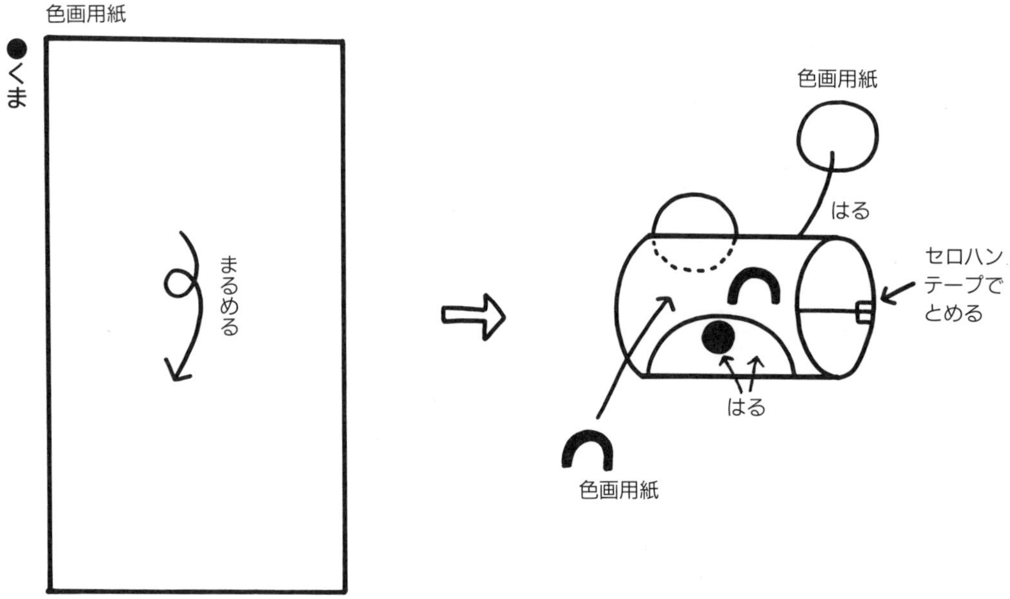
色画用紙
まるめる
色画用紙
はる
セロハンテープでとめる
はる
色画用紙

●うさぎ

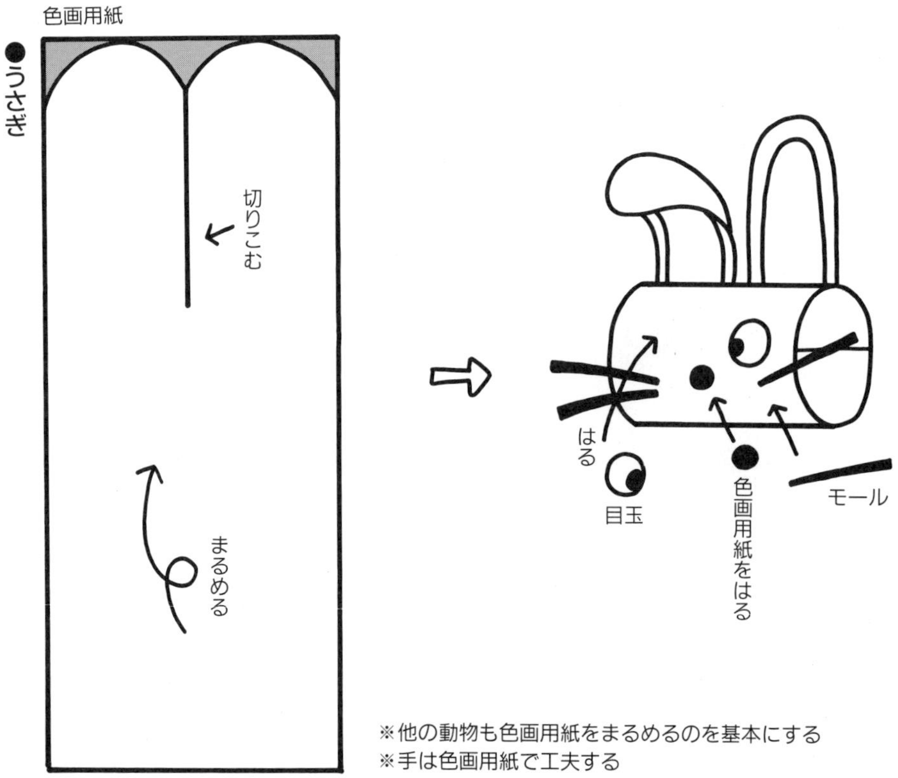
色画用紙
切りこむ
まるめる
はる
目玉
色画用紙をはる
モール

※他の動物も色画用紙をまるめるのを基本にする
※手は色画用紙で工夫する

装飾用の幕

寒冷紗(園芸用)を使う
白色と黒色の2色がある
1.8m(幅)×1m(長さ)が250円くらい
白色の寒冷紗のほうが利用しやすい

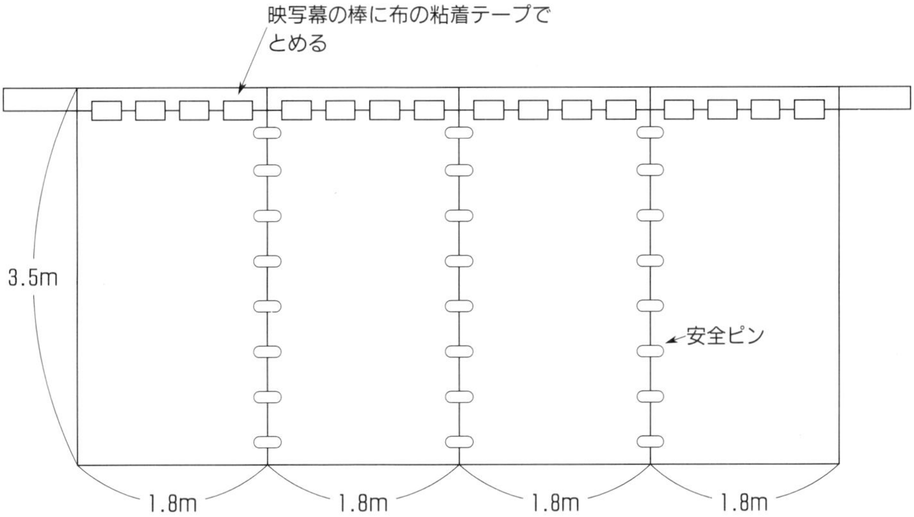
映写幕の棒に布の粘着テープでとめる
3.5m
安全ピン
1.8m
1.8m
1.8m
1.8m

舞台用の寒冷紗幕

1.8m(幅)×3.5m(長さ)の寒冷紗を
4枚つなげる

チョウのチェーン

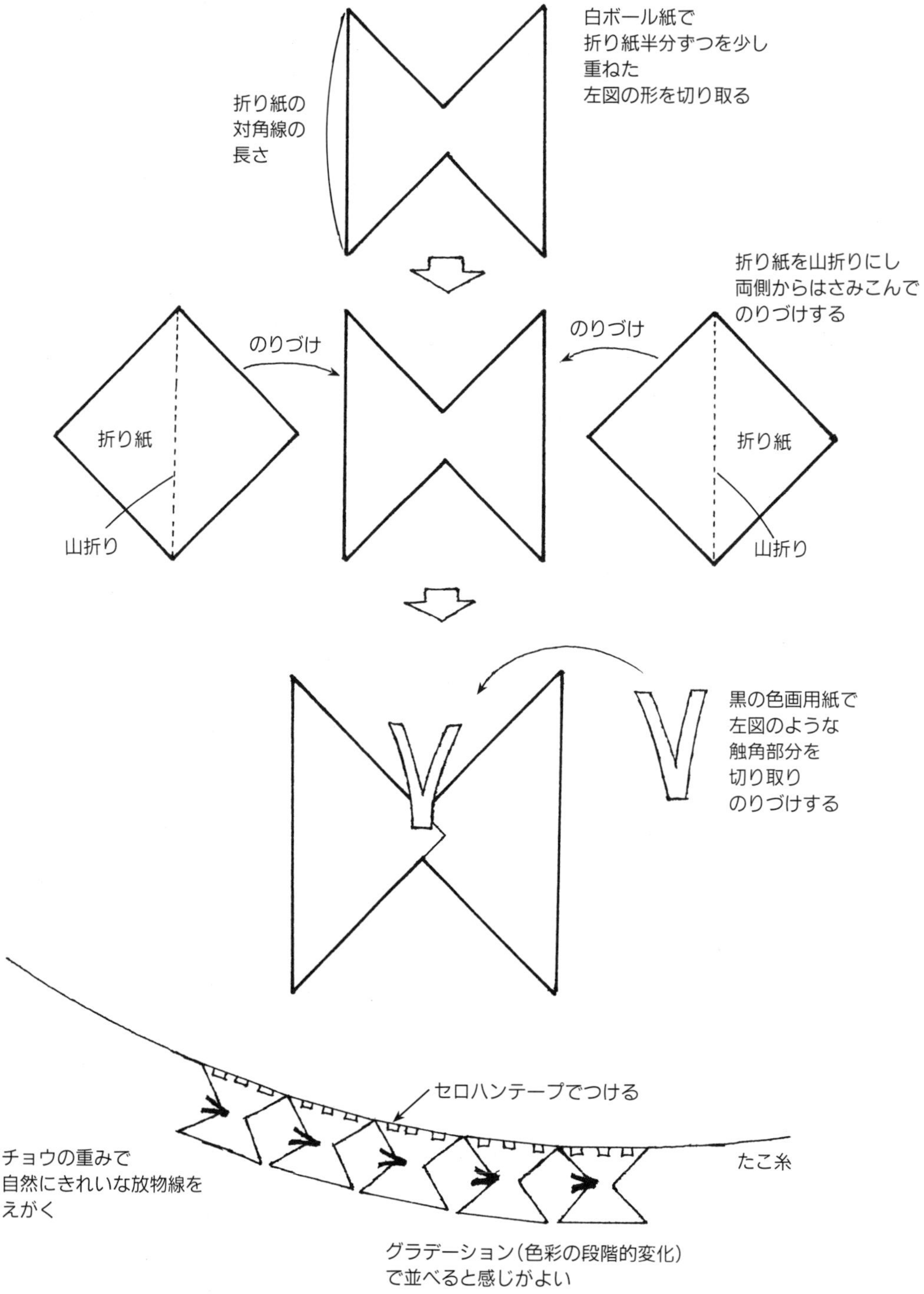

白ボール紙で
折り紙半分ずつを少し
重ねた
左図の形を切り取る
折り紙の
対角線の
長さ
折り紙を山折りにし
両側からはさみこんで
のりづけする
のりづけ
のりづけ
折り紙
山折り
折り紙
山折り
黒の色画用紙で
左図のような
触角部分を
切り取り
のりづけする
セロハンテープでつける
チョウの重みで
自然にきれいな放物線を
えがく
たこ糸
グラデーション（色彩の段階的変化）
で並べると感じがよい

鳥のチェーン

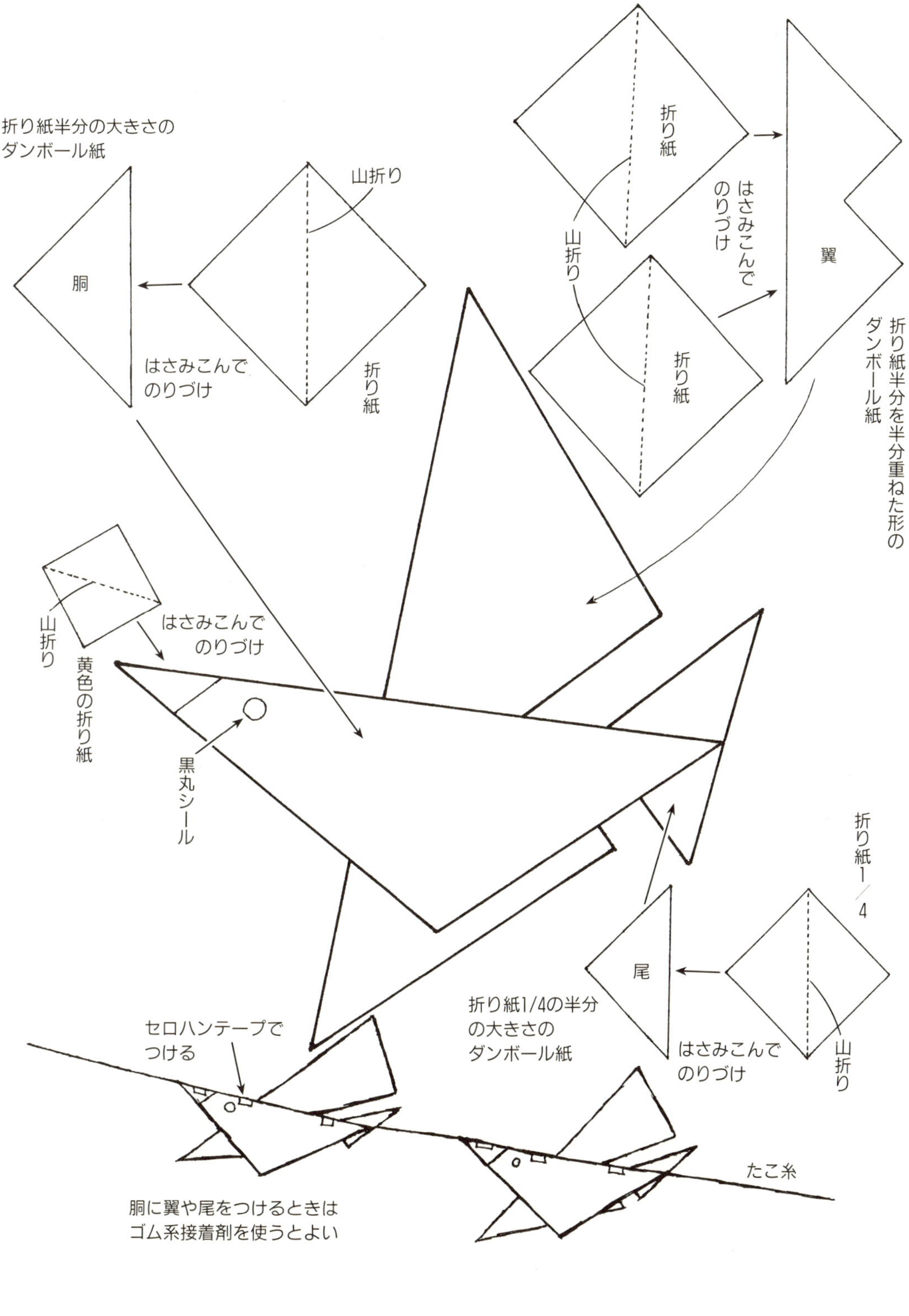
折り紙半分の大きさの
ダンボール紙
胴
山折り
はさみこんで
のりづけ
折り紙
折り紙
山折り
はさみこんで
のりづけ
折り紙
翼
折り紙半分を半分重ねた形の
ダンボール紙
山折り
はさみこんで
のりづけ
黄色の折り紙
黒丸シール
折り紙1/4
尾
折り紙1/4の半分
の大きさの
ダンボール紙
はさみこんで
のりづけ
山折り
セロハンテープで
つける
たこ糸

胴に翼や尾をつけるときは
ゴム系接着剤を使うとよい

さくら

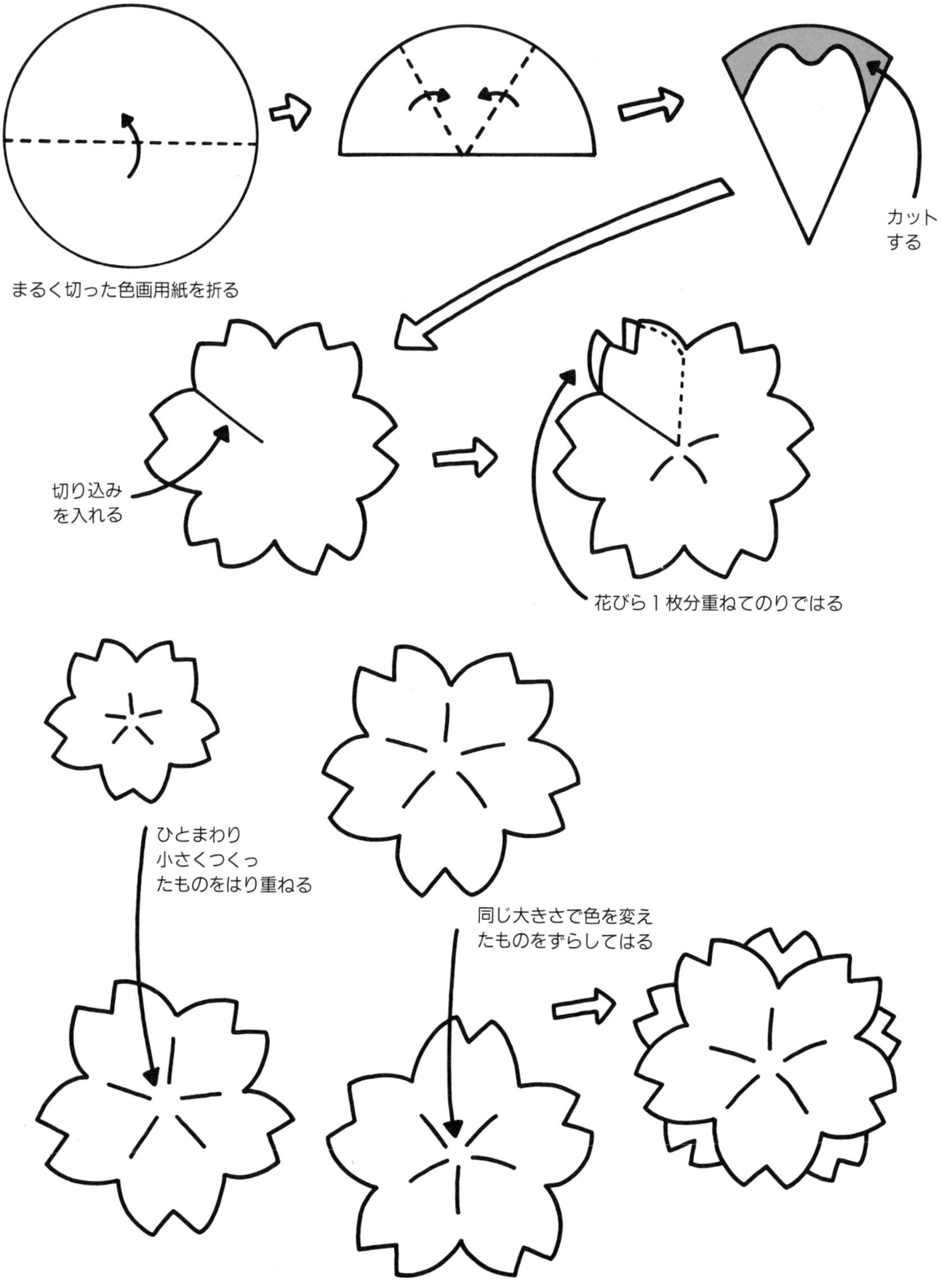
まるく切った色画用紙を折る
カット
する
切り込み
を入れる
花びら１枚分重ねてのりではる
ひとまわり
小さくつくっ
たものをはり重ねる
同じ大きさで色を変え
たものをずらしてはる

チューリップ

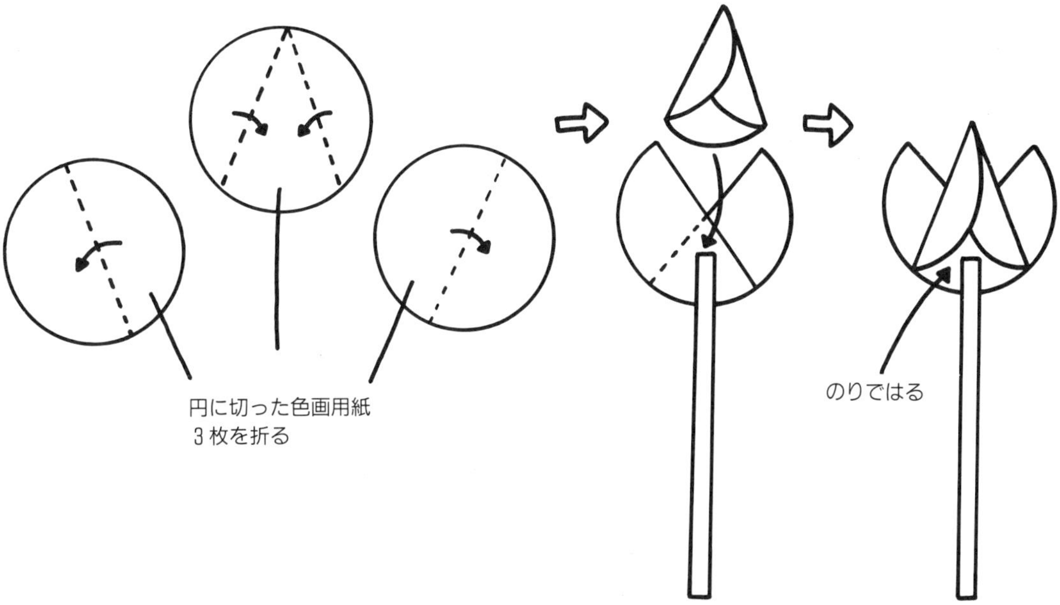
円に切った色画用紙
3 枚を折る
のりではる

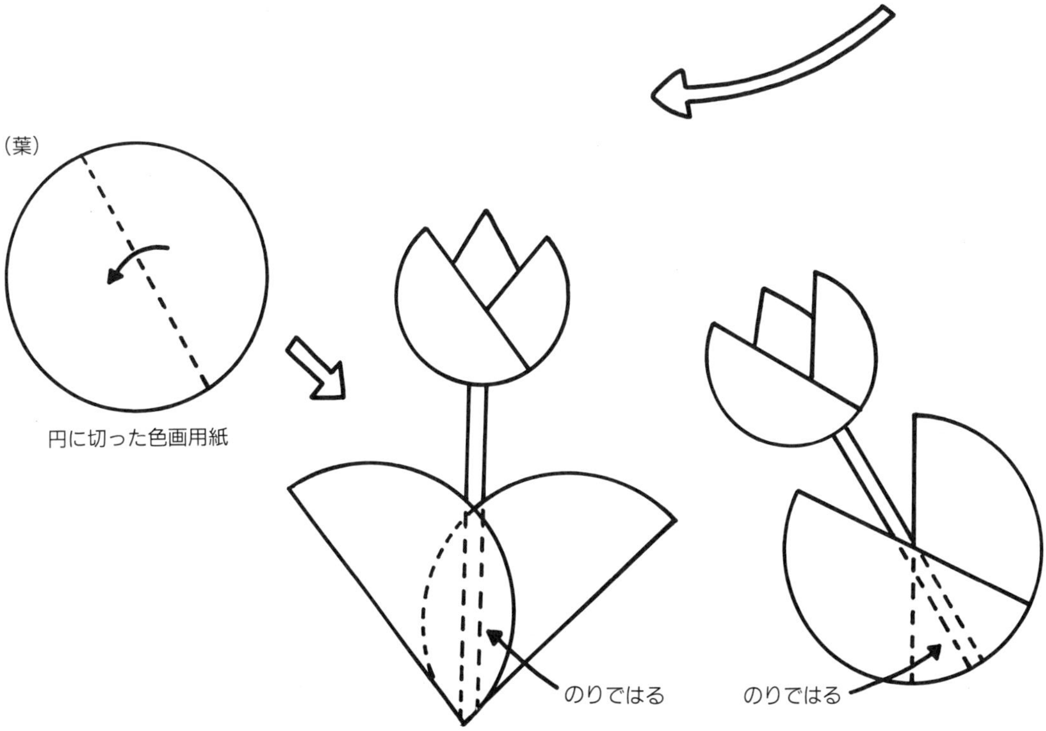
（葉）
円に切った色画用紙
のりではる
のりではる

葉

長細い紙を2～3枚重ねて半分に折り、山の形に切って広げる

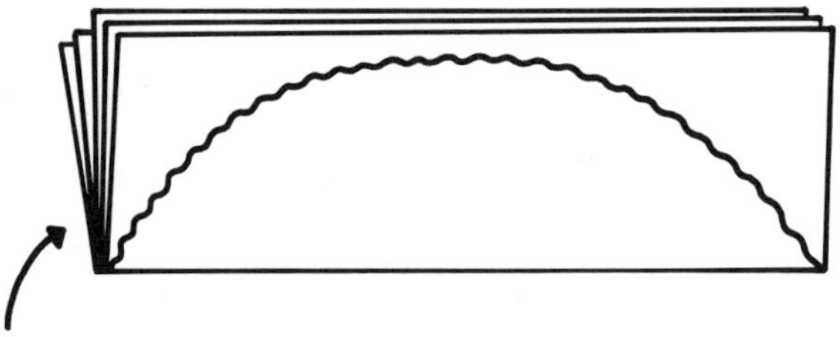

ピンキングばさみで切ると感じが出る

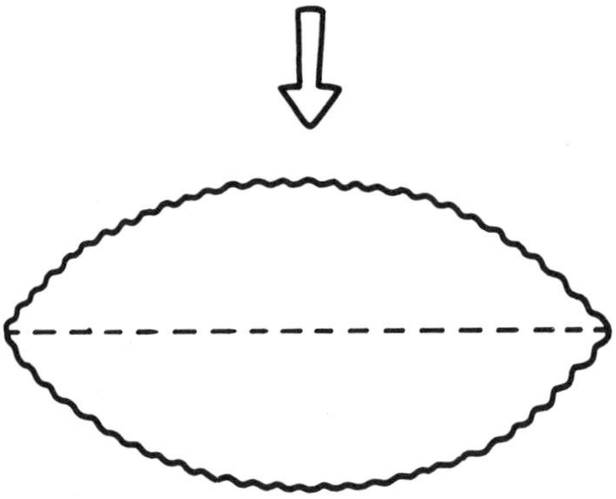

・葉脈のつけ方

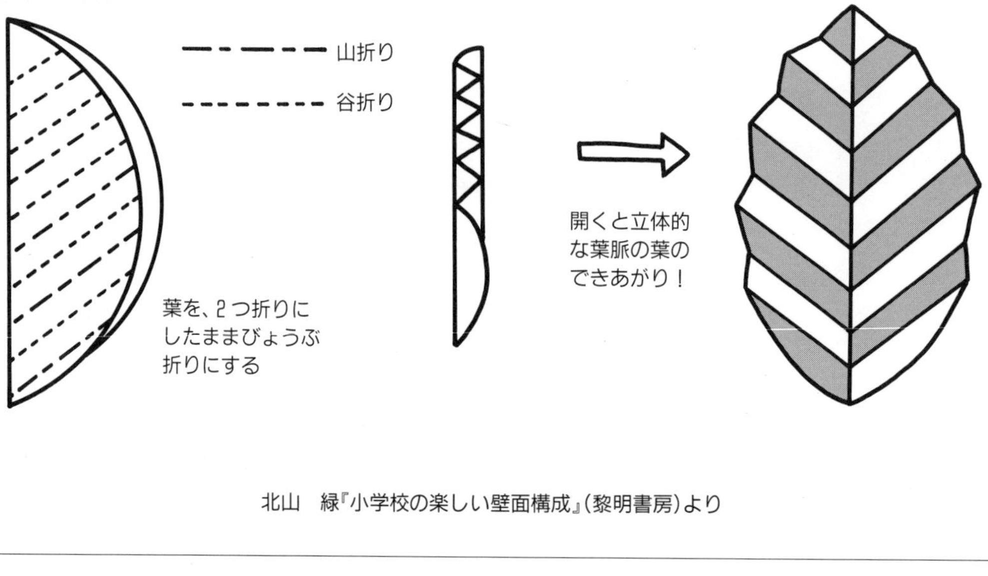
山折り
谷折り
葉を、2つ折りにしたままびょうぶ折りにする
開くと立体的な葉脈の葉のできあがり！

北山　緑『小学校の楽しい壁面構成』（黎明書房）より

ちょうちょ

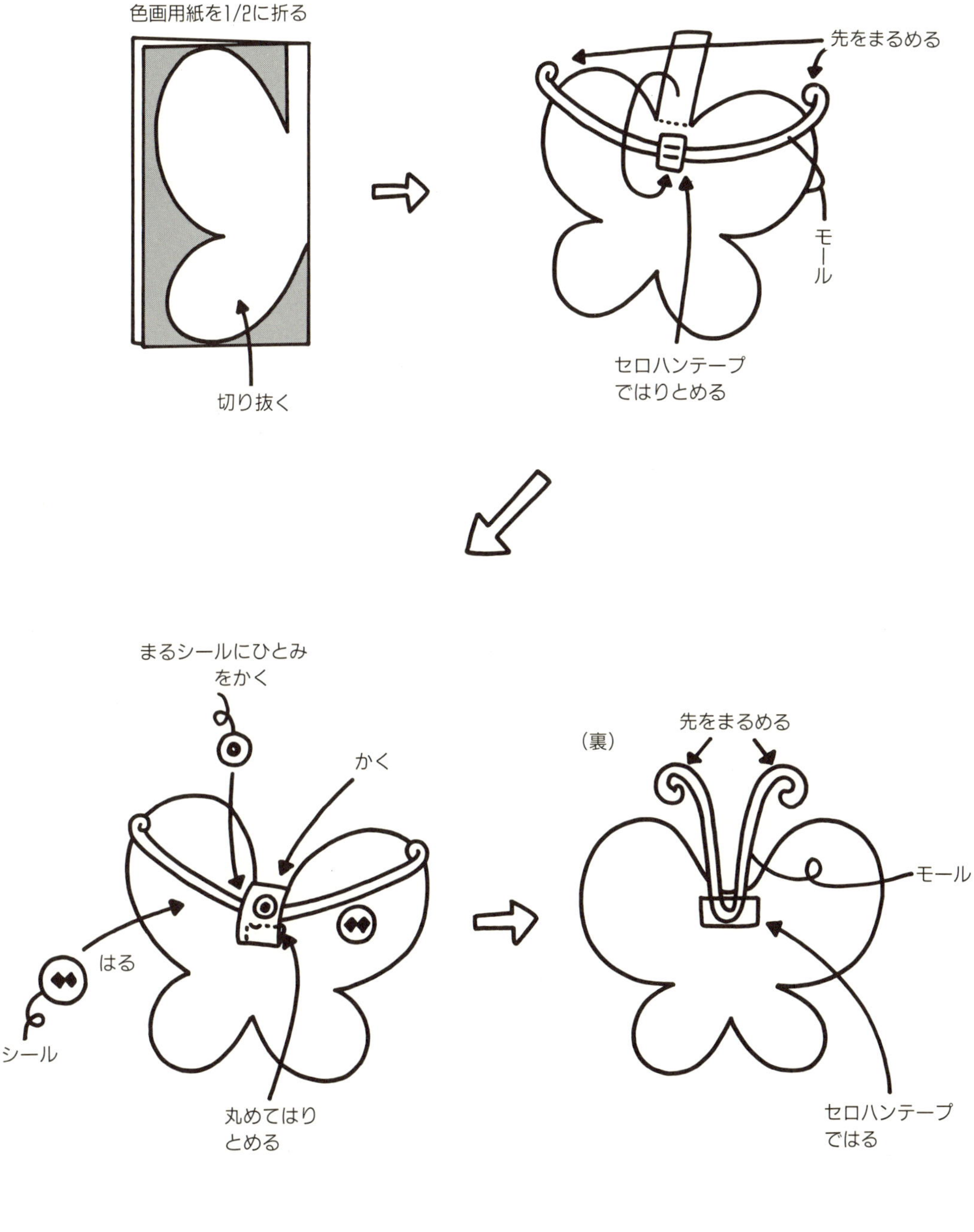
色画用紙を1/2に折る
切り抜く
先をまるめる
モール
セロハンテープ
ではりとめる
まるシールにひとみ
をかく
かく
はる
シール
丸めてはり
とめる
（裏）
先をまるめる
モール
セロハンテープ
ではる

みつばち

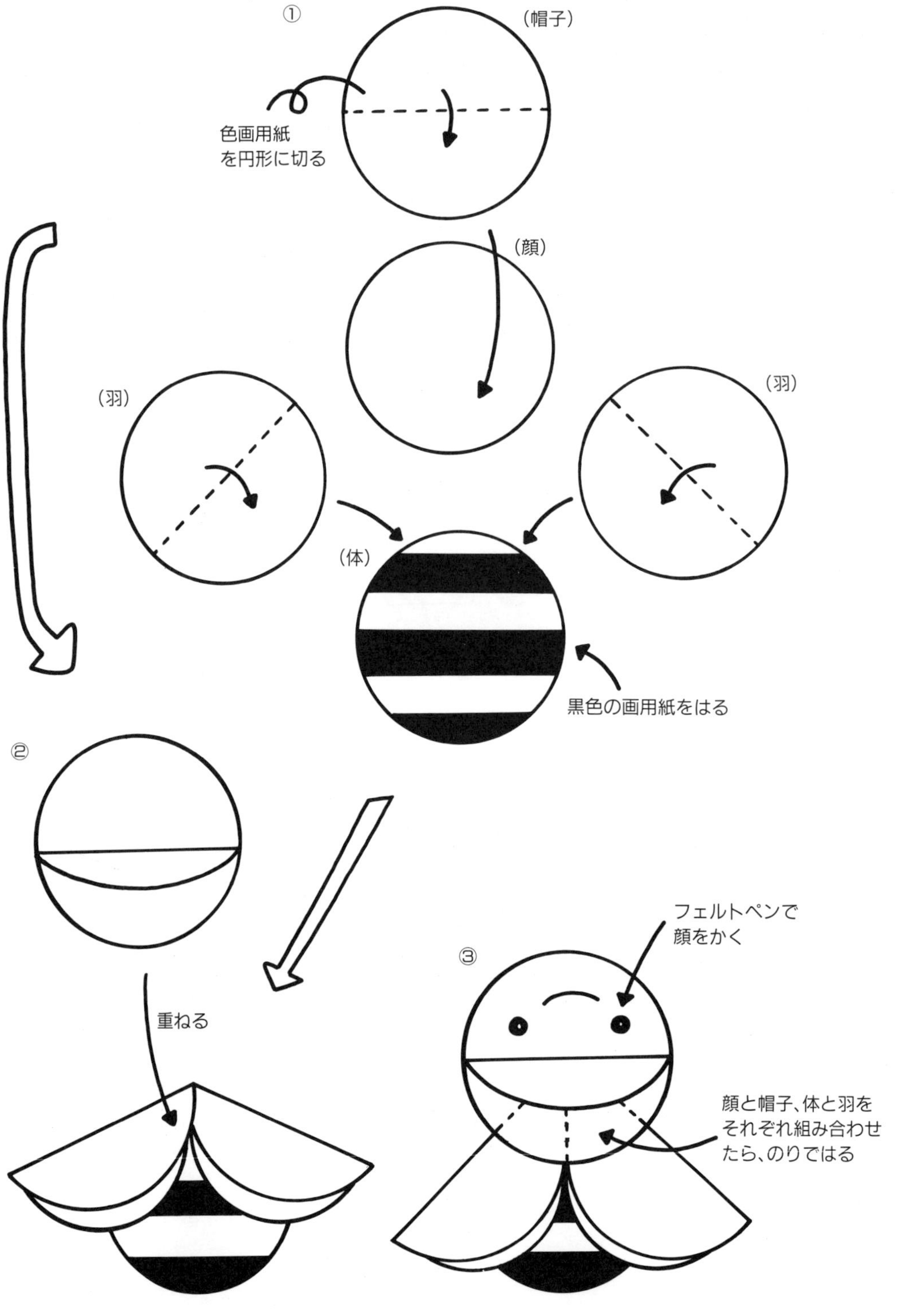
①
（帽子）
色画用紙
を円形に切る
（顔）
（羽）
（羽）
（体）
黒色の画用紙をはる
②
重ねる
③
フェルトペンで
顔をかく
顔と帽子、体と羽を
それぞれ組み合わせ
たら、のりではる

ティッシュの花

①花をつくるときは、お花紙８〜10枚を
図のようにびょうぶ状に折る

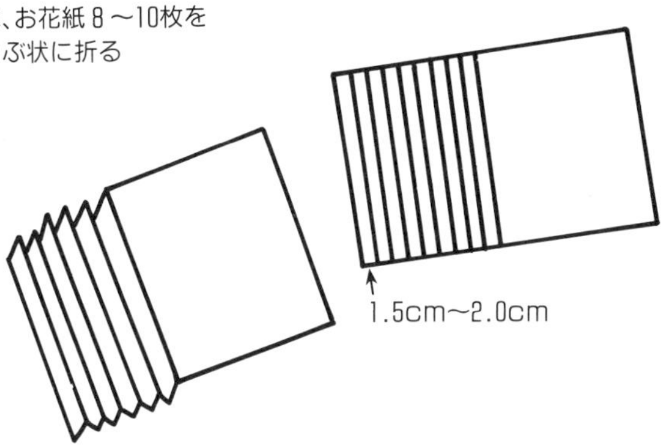

②花の中心で１か所を輪ゴムで結ぶ

③図のように開けて片方から１枚ずつ交互に
めくり上げる

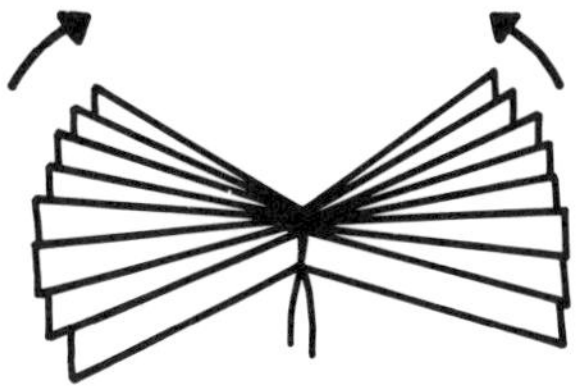

④ていねいに花の形に整える

色画用紙の花

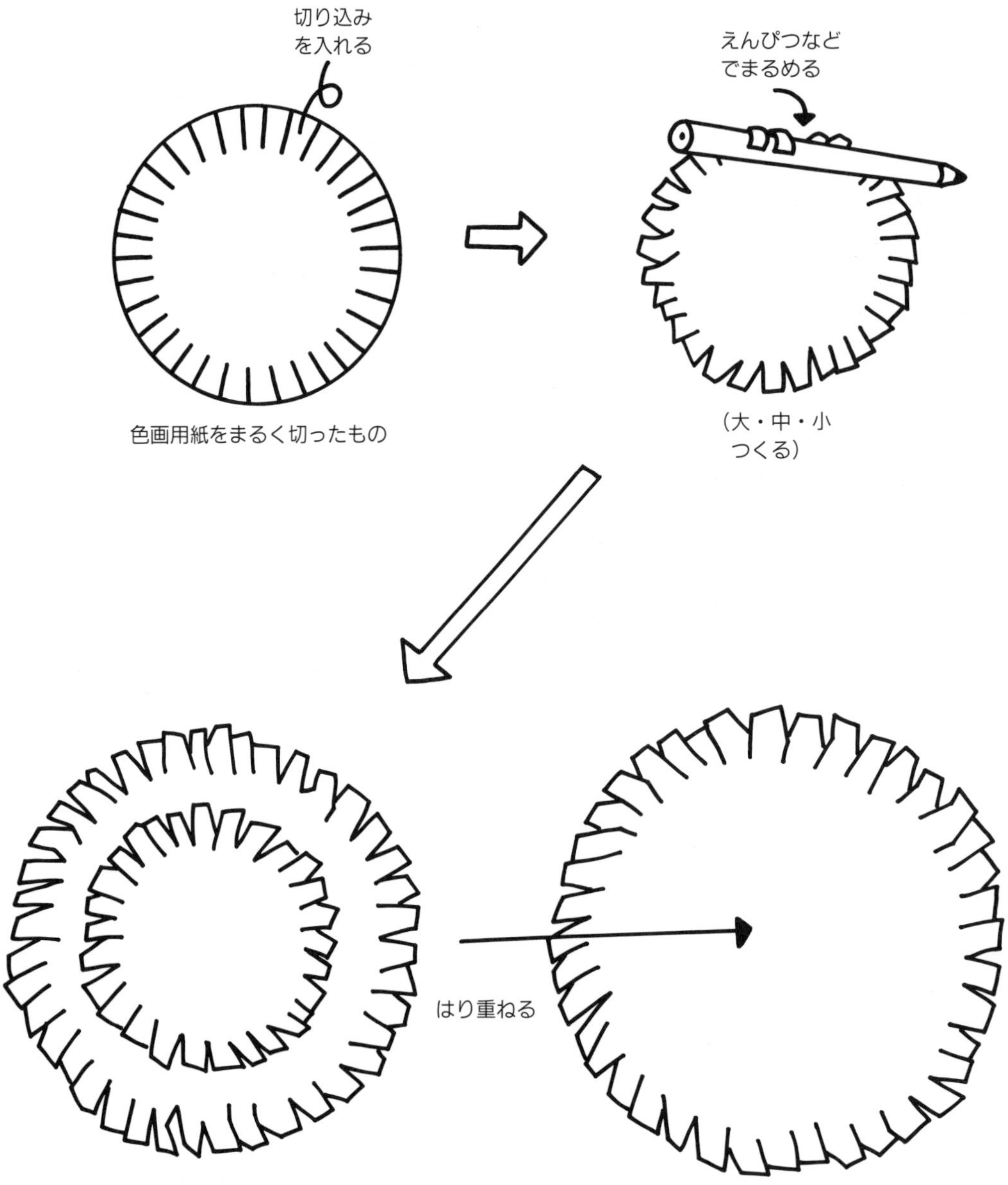
切り込み
を入れる
色画用紙をまるく切ったもの
えんぴつなど
でまるめる
(大・中・小
つくる)
はり重ねる

クリスマスツリー 壁面用

モミの木

紙を２つ折りにして
ツリーの形を描き
はさみで切り取る

金紙で
つくった星
をはる

キャンドル

赤色の折り紙を
円柱状にまるめ、
のりづけする

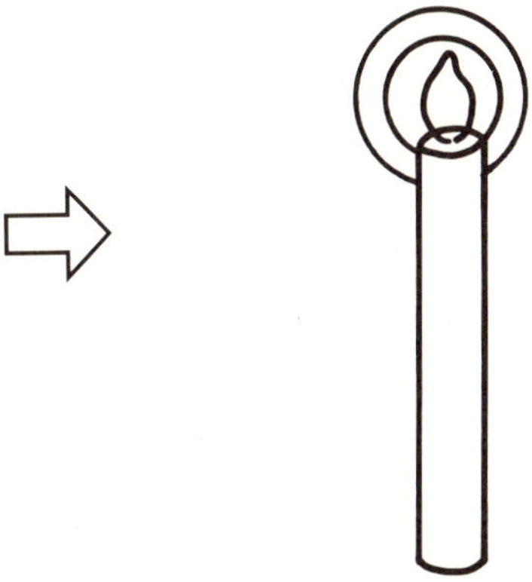

だいだい色の折り紙で
直径4cm の輪
つくる

のりづけする

赤色の折り紙で炎の形を
つくる

金びょうぶ

●たたみ1枚分の大きさのダンボール紙を布製の粘着テープでつなげる

●ダンボール紙に金紙(折り紙)をはる。金紙の周りに口紅タイプのスティックのりをつけてはる

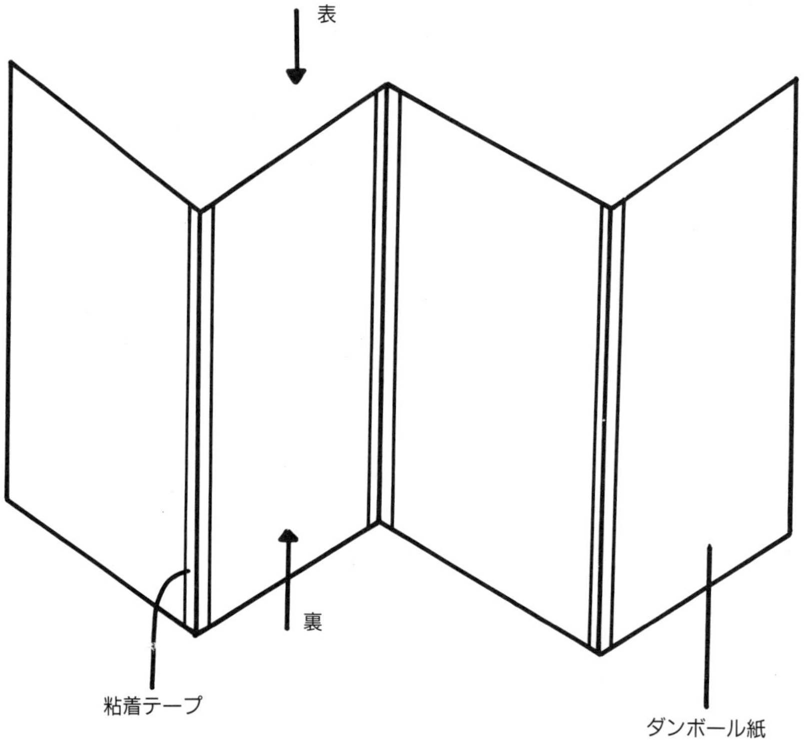

壁面にかざる　ジャンボ鬼

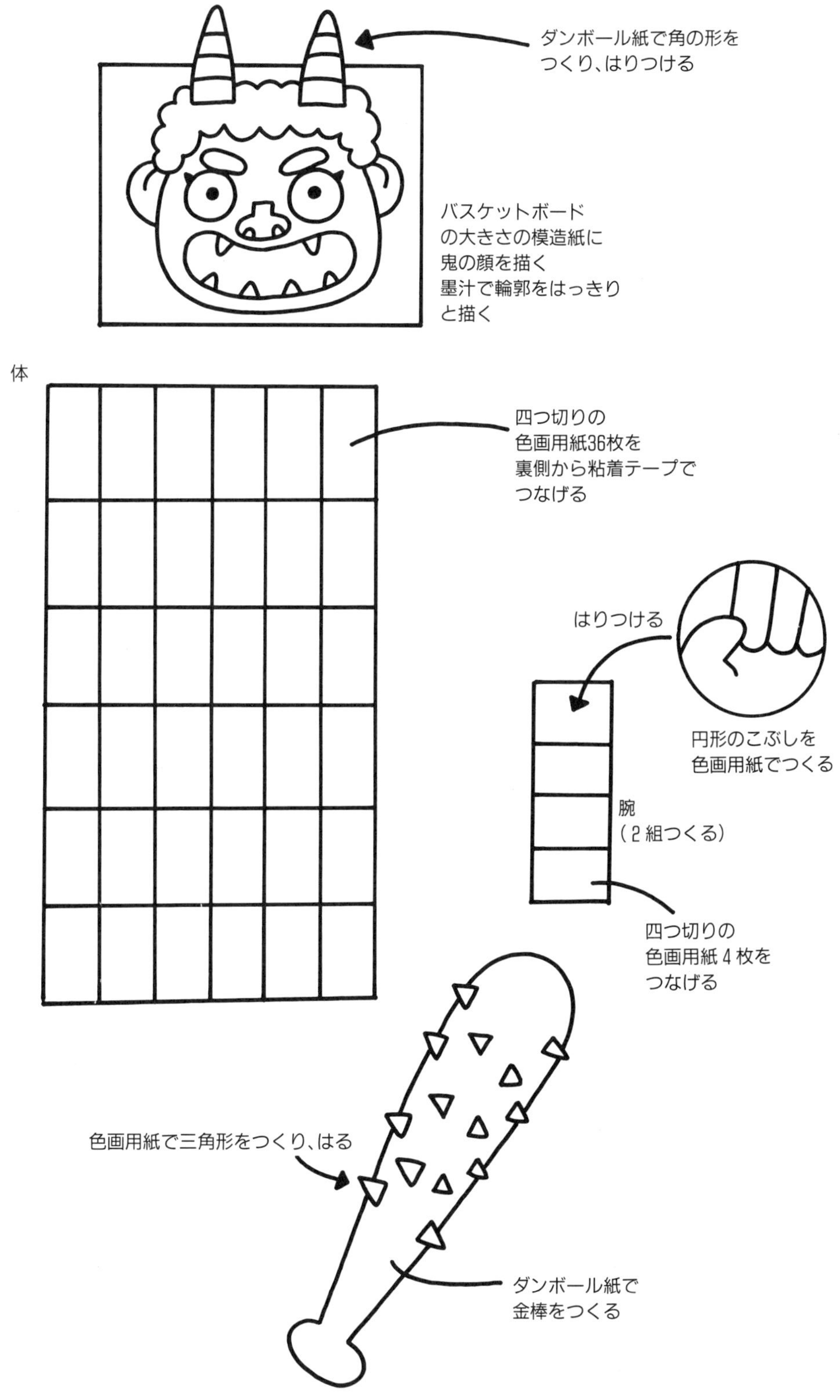
ダンボール紙で角の形を
つくり、はりつける
バスケットボード
の大きさの模造紙に
鬼の顔を描く
墨汁で輪郭をはっきり
と描く
体
四つ切りの
色画用紙36枚を
裏側から粘着テープで
つなげる
はりつける
円形のこぶしを
色画用紙でつくる
腕
（2組つくる）
四つ切りの
色画用紙4枚を
つなげる
色画用紙で三角形をつくり、はる
ダンボール紙で
金棒をつくる

そのままつかえる型紙　さくら・チューリップ・みつばち

以下色画用紙等に拡大コピー等してください。

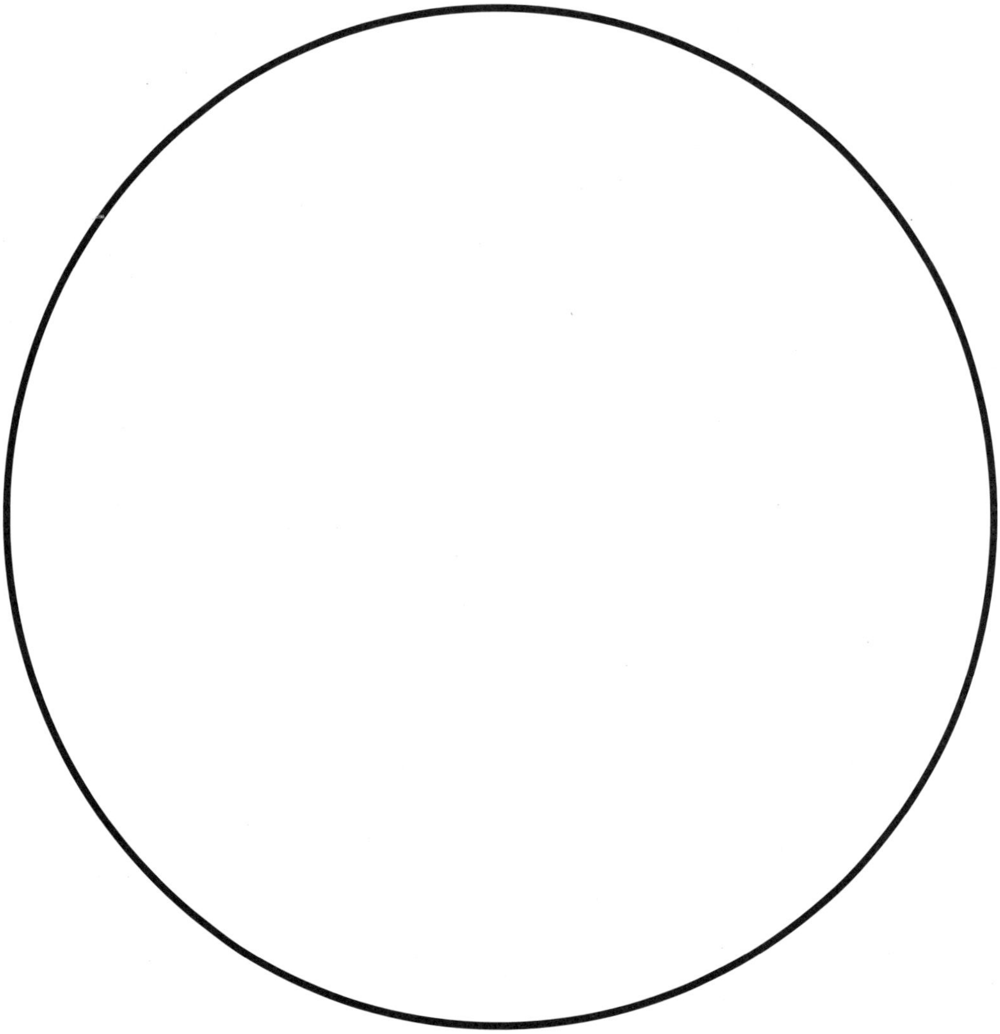

そのままつかえる型紙 **葉**

ピンキングハサミで切ってください

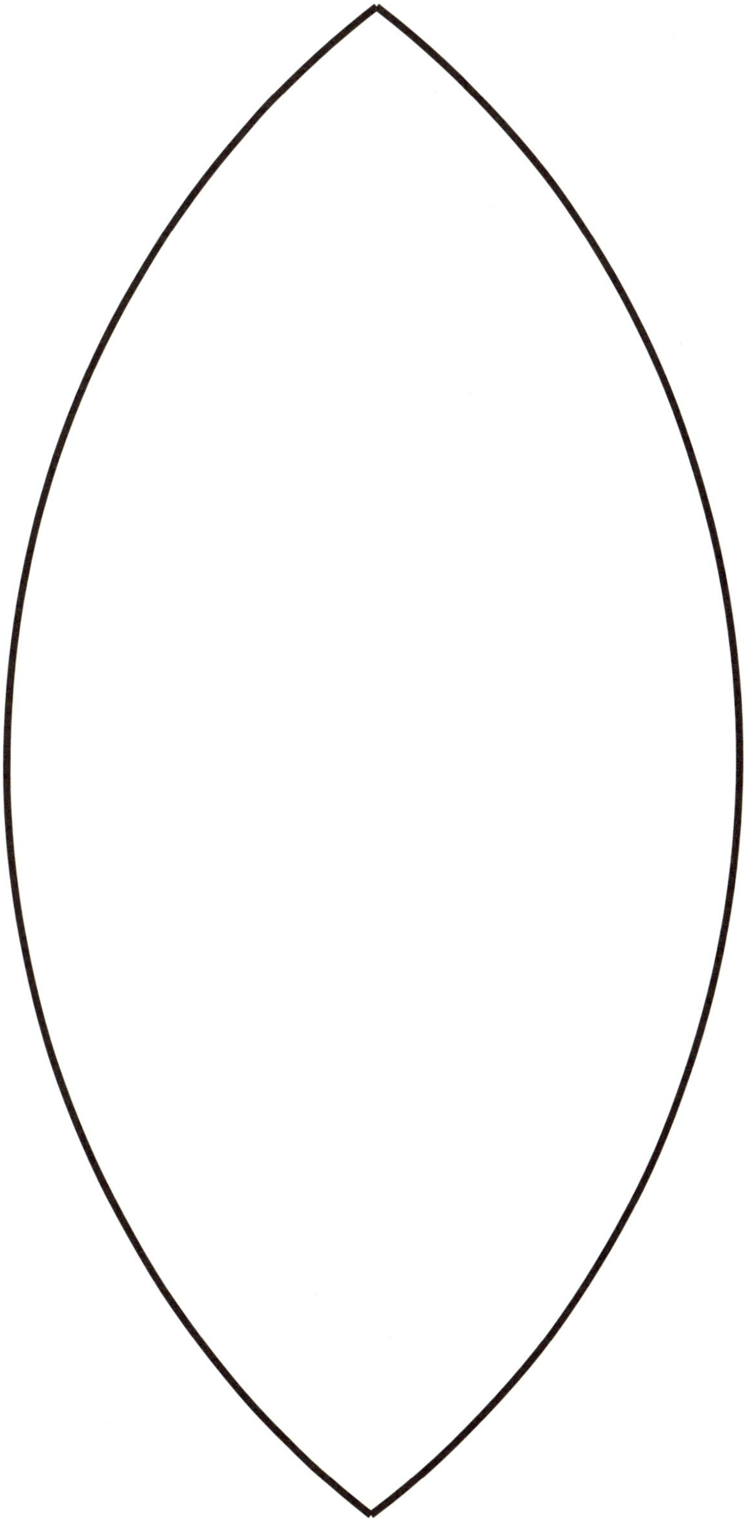

名まえ

名まえ

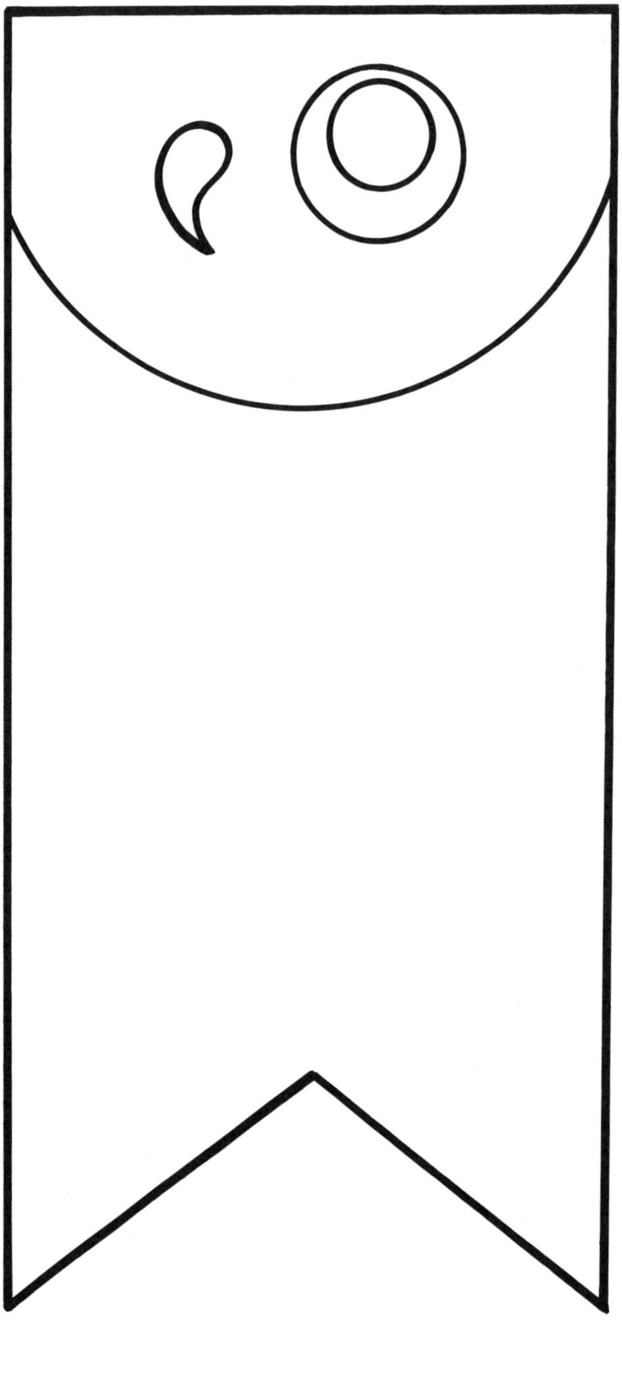

メリークリスマス

裏側を自由につかってカードを仕上げる

色画用紙に印刷し、切り取る。髪の毛の部分に毛糸をつける。
はぎれの色画用紙でつくった帯を取りつけ、お面のできあがり。
鬼の口から自分の目が出るようにしてお面をかぶる。

色画用紙に印刷する。アミかけの部分を切り取り、切り取り部分に裏側から折り紙をはる。

色画用紙に印刷する。アミかけの部分を切り取り、切り取り部分に裏側から折り紙をはる。

あとがき

全校集会の会場に入ったとき、すぐに目に入ってくるのが、会場のかざりである。子どもたちが会場のかざりを見たとき、「きれいだな」「わあ、すごい」「たのしいな」「はやく集会をやりたいな」という気持ちになってくれれば、全校集会は半分くらい成功したようなものである。

全校集会を成功させるキーポイントは、少しでもはやく子どもたちを全校集会のたのしい雰囲気や世界に引き込むことである。

全校集会の内容・構成のしかた、演出のしかたを工夫して、子どもたちを全校集会のたのしい雰囲気や世界にのせてしまい、思いっきりたのしませようとするとき、会場のかざり・大道具・小道具は重要な役割をもっている。

会場のかざりのなかに子どもたちが興味をもっているもの、季節感があるもの、子どもたち一人ひとりがつくったものがあると、「わあ、おもしろい」「お正月の雰囲気でいっぱいだな」「あっ、わたしのつくったかざりがかざってある」と、目を輝かせて身を乗りだしてくる。

会場の中央に高さが天井まであるクリスマスツリーが立っていたり、大きなワニに乗って一年生が入場したりしたら、だれでも「わあ、すごい」と感動し、身を乗りだしてくる。

たのしい全校集会をつくりだすうえで、会場のかざり・大道具・小道具は欠かせないものといえるだろう。

そこで、本書ではたくさんの写真にコメントをつけたり、かざり・大道具・小道具のつくり方を説明したりして、よりいっそう実践に生かしてもらえるように工夫した。

なお、本書をまとめるにあたり、クリスマスツリー・西洋風の城・星形のくす玉・白鳥やワニの乗り物・

虹のアーチなどの大道具、ドラえもん・鬼・ミッキーマウス・かぶとのかぶりものなどの小道具のつくり方は、浅井隆雄氏に執筆してもらった。

本書は、浅井氏の協力がなかったならば完成しなかった。あらためて、ここでお礼を述べたい。

本書を読者のみなさんの実践に生かしてもらい、たのしい全校集会をつくりだしてもらえれば幸いである。

最後になったが、学陽書房編集部の藤井雅子さんにはたいへんお世話になった。あらためてお礼を申し上げる。

二〇〇一年二月一五日

加藤辰雄

加藤辰雄（かとう・たつお）
1951年　愛知県に生まれる
1974年　三重大学教育学部卒業
現　在　名古屋市立堀田小学校教諭
著　書　『生きいき話し合い活動』（1994年）
『わくわく係活動』（1994年）
『学級づくりの七つ道具』（1996年）
『たのしい全校集会のシナリオ 1』（1997年）
『たのしい全校集会のシナリオ 2』（以上あゆみ出版、1997年）
『総合学習対応版　もらってうれしい賞状&アイデアカード』（学陽書房、共著、2001年）
『教室を飾ろうよ　春・夏　空間・壁面構成のアイデア』（学陽書房、2001年）
『教室を飾ろうよ　秋・冬　空間・壁面構成のアイデア』（学陽書房、2001年）
『〈新版〉「１年生を迎える会」「６年生を送る会」を創ろうよ』（学陽書房、2002年）
『誰でも成功する学級づくりのキーポイント』（学陽書房、2003年予定）ほか多数
現住所　〒456-0053　名古屋市熱田区一番二丁目28番８号

浅井隆雄（あさい・たかお）
1949年　愛知県に生まれる
1974年　愛知教育大学美術科卒業
1986・1988年　名古屋市教育委員会小学校教育課程編成委員
1992・1993年　名古屋市造形研究会役員
現　在　名古屋市立戸笠小学校教諭
共　著　『創りだす喜びを求めて』名古屋市立豊岡小学校（第一法規、1983年）
現住所　〒458-0108　名古屋市緑区鳴海町字山ノ神119番地

学校を飾ろうよ　空間・壁面構成と立体工作のアイデア

2001年３月９日初版発行
2003年３月10日再版発行

発行者　光行 淳子

学陽書房
〒102-0072　東京都千代田区飯田橋1—9—3
営業電話03（3261）1111　FAX03（5211）3300
編集電話03（3261）1112　振替口座00170-4-84240

●サトウ印書館　●根本製本

乱丁・落丁本は、送料小社負担にてお取り替えいたします。　ISBN4-313-64024-X C2337